Poesia e filosofia
a historicidade dos textos

Poesia e filosofia
a historicidade dos textos

ORGANIZAÇÃO
Patrícia Lavelle
Paulo Henriques Britto
Henrique Estrada
Pedro Duarte

EDITORA PUC RIO
INTERSEÇÕES
/re.li.cá.rio/

©Relicário Edições
Rua Machado, 155, casa 2, Colégio Batista
Belo Horizonte, MG – 31110-080
www.relicarioedicoes.com
contato@relicarioedicoes.com

©Selo Interseções, Editora PUC-Rio
Rua Marquês de São Vicente, 225, Editora
Campus Gávea/PUC-Rio
Rio de Janeiro, RJ – CEP: 22451-900
Tel.: +55 21 35271838
edpucrio@puc-rio.br
www.editora.puc-rio.br

Capa
Tiago Araujo

Diagramação
SBNigri Artes e Textos

Dados Internacionais de Catalogação na Publicação (CIP)

Poesia e filosofia: a historicidade dos textos / organização Patrícia Lavelle ... [et al.]. – Rio de Janeiro: Ed. PUC-Rio; Belo Horizonte, MG: Relicário, 2023.

226 p.; 14 x 21 cm – (Interseções)

Trabalhos apresentados no II Simpósio Poesia e Filosofia: a historicidade dos textos, realizado em 2019 na PUC-Rio
Inclui bibliografia
ISBN (Editora PUC-Rio): 978-85-8006-302-8
ISBN (Relicário): 978-65-89889-80-9

1. Poesia - História e crítica. 2. Poesia. 3. Filosofia. I. Lavelle, Patrícia Gissoni de Santiago. II. Simpósio Poesia e Filosofia: a historicidade dos textos (2.: 2019: Rio de Janeiro). III. Série.

CDD: 809.1

Elaborado por Sabrina Dias do Couto – CRB-7/6138
Divisão de Bibliotecas e Documentação – PUC-Rio

Sumário

Apresentação

Patrícia Lavelle

Este livro reúne as conferências apresentadas no Simpósio Poesia e Filosofia II – A historicidade dos textos, realizado em 2019 na PUC-Rio, com fomento do IEAHu (Instituto de Estudos Avançados em Humanidades), e do Consulado Geral da França no Brasil. Como no primeiro simpósio Poesia e Filosofia, que homenageou a poeta Orides Fontela no aniversário de vinte anos de sua morte, em 2018, a concepção e a organização deste encontro resultam da colaboração interdisciplinar entre os Departamentos de Letras, Filosofia e História, reunindo pesquisadores docentes e discentes. O tema escolhido está relacionado justamente à reflexão sobre a convergência, nesta discussão transdisciplinar, de saberes e tradições textuais cuja origem é anterior à própria constituição destas disciplinas universitárias que as representam hoje, incitando-nos a problematizar suas fronteiras.

Ao abordar a relação entre poesia e filosofia do ponto de vista da historicidade dos textos, nos confrontamos à materialidade e à multiplicidade de formas, gêneros e configurações textuais que constituem estas tradições. E esta diversidade nos conduz tanto ao problema da dimensão poética intrínseca aos textos teóricos quanto ao das interrogações filosóficas e dos materiais conceituais que podem atravessar projetos poéticos. Assim, a escolha desta abordagem, mais propriamente metodológica do que temática, se contrapõe a certas leituras filosóficas de poesia (ou certas leituras poéticas de filosofia) que colocam entre parênteses a especificidade de cada obra em função da universalidade de categorias e/ou enquadramentos prévios.

Assim, os ensaios reunidos neste volume privilegiam a história da constituição dos textos, discutindo seus procedimentos literários e conceituais, suas imagens e intertextualidades. Entretanto, também se desviam daquele ideal historicista, criticado por Walter Benjamin em suas teses "Sobre o conceito de história", que visa a reconstruir o passado "tal como de fato foi". Interessam aqui, ao contrário, os múltiplos palimpsestos que se inscrevem nos textos, isto é, sua inserção em diferentes épocas e momentos de recepção, que incluem retomadas e transformações, em entrecruzamentos temporais.

Adotando uma posição historiográfica construtiva e não linear, a edição deste volume parte do poema que se pensa no "tempo-de-agora", inscrevendo-se na continuação de tradições formais e textuais que simultaneamente transforma. Em seguida, propõe leituras "a contrapelo" também de obras literárias e filosóficas do passado, em seus múltiplos entrecruzamentos. Por fim, a referência ao pensamento de Benjamin, que contribui significativamente para o recorte do conjunto, se desdobra em discussões aprofundadas da densidade teórico-poética de seus próprios textos.

O poema no tempo-de-agora

A sobrevivência do verso

Paulo Henriques Britto

Quando, em 1962, com a publicação de *Lavra lavra*, Mário Chamie lançou o "manifesto didático" do movimento poema-práxis, ele elegeu como alvo principal não a poesia tradicional, e sim o concretismo. No manifesto, Chamie fazia questão de se distanciar dos poetas concretos sob quase todos os aspectos, mas em relação a um ponto concordava com eles: "*Lavra Lavra* é livro sem verso (livre ou não)" (Chamie, 1962, p. 116). A ideia de que o verso havia se tornado irremediavelmente obsoleto estava de tal modo difundida entre os participantes das neovanguardas de meados do século XX que até mesmo movimentos que se viam como adversários a tomavam como pressuposto de suas experimentações formais. Os principais expositores dessa tese eram justamente os poetas do grupo *Noigandres*: para eles, estava "encerrado o ciclo do verso" (Campos et al., 2006, p. 215), para citar um trecho do "Plano-piloto para poesia concreta", de 1958; mesmo o verso livre – ainda encarado por muitos tradicionalistas como uma novidade radical, embora tivesse sido lançado por Walt Whitman um século antes – já não podia servir a um poeta que fosse verdadeiramente de seu tempo. Para os concretistas, a publicação de *Un coup de dés* de Mallarmé, em 1897, havia selado a sorte de um artefato verbal que, ao menos desde Homero, fazia parte da própria definição de linguagem poética.

Eu e outros jovens poetas brasileiros da minha geração, em processo de formação durante os anos 1960, enfrentávamos um dilema: no momento exato em que descobríamos os grandes poetas modernistas e tentávamos aprender a trabalhar com o verso, éramos convencidos, através da exposição às teorias vanguardistas da época, de que a arte que ansiávamos por praticar havia se tornado obsoleta. Que sentido poderia ter o adestramento no ofício do verso se alguns dos mais importantes e influentes poetas do nosso tempo afirmavam que o verso estava esgotado? Seria o mesmo que aprender a pintar quadros figurativos depois do advento do abstracionismo, ou a compor sinfonias à maneira de Bruckner ou Mahler quando há décadas Schoenberg já tinha decretado o esclerosamento do sistema harmônico de Bach e Rameau. A história das formas artísticas era uma história de evolução, e o evolucionismo implicava a caducidade das formas associadas a um período histórico passado. Formas poéticas criadas na Idade Média, ou no Renascimento, ou no Romantismo, estavam de tal modo comprometidas com as épocas a que pertenciam que insistir em utilizá-las na segunda metade do século XX era sinal de ingenuidade.

O que eu, ao menos, não sabia a essa altura da minha vida era que na década anterior um poeta piauiense já falecido, Mário Faustino, havia enfrentado o mesmo dilema. Ainda jovem, Faustino tinha se tornado um dos mais importantes críticos de poesia do país, através do caderno cultural do *Jornal do Brasil*. Nos artigos que publicava no diário carioca, não só defendia ardorosamente as posições teóricas dos concretistas, dividindo com eles a paixão por Ezra Pound e Stéphane Mallarmé, como também elogiava a produção poética do grupo de São Paulo, numa época em que boa parte do *establishment* literário brasileiro o atacava do modo mais enfático. Curiosamente, porém, a produção poética de Faustino devia muito pouco ao ideário concretista. Ela se fundava no verso tradicional – acima de tudo, o decassílabo heroico, com incursões menos frequentes aos domínios do alexandrino e da redondilha maior. Anos depois da morte de Faustino, ocorrida precocemente, aos 32 anos, num desastre aéreo, Augusto e Haroldo de Campos escreveram depoimentos sobre ele. Esses textos deixam claro um certo constrangimento da parte dos concretistas: por um lado, não poupam elogios ao crítico que tanto os defendeu na imprensa; por outro, não conseguem disfarçar seu total desinteresse pela produção poética de Faustino. Augusto (2015) intitula seu artigo "Mário Faustino, o último *versemaker*", um elogio que não é bem um elogio – "versejador", isto é, produtor de versos, esse artefato já em vias de extinção, daí ser ele "o último" – e confessa não entender a admiração de Faustino por Jorge de Lima. Condena sua vinculação ao "mundo lírico-subjetivo" e sentencia: "Faustino ainda era o vate, o bardo moderno, ávido de magia e profecia, esconjurando com metáforas os descaminhos do amor, da frustração e da morte" (p. 5). Para Augusto, não era só o verso que havia morrido: temas como amor e morte, que vinham sendo explorados por poetas e outros artistas do Ocidente e do Oriente desde as mais priscas eras, passando por todos os séculos sem interrupção e atravessando as mais variadas culturas, agora eram considerados ultrapassados, impróprios para serem tratados em poesia. Já o texto de Haroldo (2006), embora intitulado "Mário Faustino ou a impaciência órfica", é em grande parte dedicado a uma revisão da trajetória dos principais poetas concretistas. Quando por fim passa a comentar o trabalho poético de Faustino,

Haroldo lamenta, tal como seu irmão, a preferência dele por *Invenção de Orfeu* como modelo para o poema longo que ele queria produzir, ao invés de emular textos mais atualizados, como o *Blanco* de Octavio Paz (que o próprio Haroldo traduziu); e conclui que Faustino era "mais apegado à grande tradição clássica do que à 'tradição de ruptura' incessantemente vetoriada para o futuro" (p. 199). Os dois concretistas, em suma, elogiam o crítico e reprovam o poeta.

Quando tentava justificar a contradição entre, de um lado, as posições que defendia em matéria de teoria poética e política literária, e, de outro, sua prática como poeta, Faustino argumentava que seu interesse era produzir um poema longo, enquanto os concretistas estavam interessados acima de tudo na concisão. Só que o cerne da questão pouco tinha a ver com a extensão do poema: o problema era que o próprio Faustino se dedicava a compor versos de formatos clássicos ao mesmo tempo que afirmava, com todas as letras, que

> o "verso", no sentido em que a palavra tem sido empregada até agora, se encontra, no momento, em crise, em todos os países do Ocidente; está tudo parado na Inglaterra, na Rússia, nos Estados Unidos, na Alemanha, na Itália, na França, na Espanha, em Portugal, na América Espanhola — ao que se saiba. (Faustino, 2003, p. 480)

Vou me deter, por alguns momentos, nessa afirmação feita por Faustino em 1957, e me concentrar nos países estrangeiros cuja produção poética conheço melhor: Grã-Bretanha e Estados Unidos, os dois grandes centros da literatura anglófona. Em relação à poesia anglo-americana, em particular, a afirmação de Faustino – de que estava "tudo parado" – realmente procedia? Vejamos o que estava acontecendo nesses países em torno de 1957. Cinco anos antes, o galês Dylan Thomas havia publicado uma de suas obras-primas, "Do not go gentle into that good night", um poema que adota a forma da vilanela – uma forma criada na França no século XVII. Dois anos antes, o maior poeta de sua geração, W. H. Auden, um inglês radicado nos Estados Unidos, tinha lançado *The shield of Achilles*, inteiramente metrificado e rimado. Enquanto isso, Sylvia Plath, uma norte-americana que vivia na Inglaterra, estava compondo os poemas que seriam reunidos cinco anos depois em seu livro de estreia, lançando mão de diversas variedades de verso livre e recorrendo com frequência à rima. Ainda em 1955, nos Estados Unidos, Elizabeth Bishop publicava seu segundo livro, *A cold spring*, valendo-se de todo tipo de forma – versos livres, sonetos, quadras rimadas; Allen Ginsberg estava escrevendo "Howl", seu poema mais importante, utilizando o verso livre tradicional de Whitman. Frank O'Hara preparava os textos que sairiam em *Meditations in an emergency* precisamente em 1957, e seu amigo John Ashbery trabalhava nos poemas que lançaria em *Some trees*, obra que deu início a sua longa e exitosa carreira poética, em 1956; tanto O'Hara quanto Ashbery trabalhavam com novas variedades de verso livre. Boa parte dos poemas reunidos na seminal antologia de Donald Allen, *The new American poetry*, que saiu em 1960, foi escrita nos anos 1950. E será necessário acrescentar que foi em 1955 que Ezra Pound, tão admirado por Faustino, publicou o volume dos *Cantos* intitulado *Section: Rock-Drill, 85–95 de los Cantares*? Embora Pound e alguns dos outros poetas mencionados acima também realizassem experimentações formais, todos eles produziam acima de tudo versos. Paremos por aqui, embora os exemplos pudessem ser multiplicados; já deve ter ficado claro que a afirmação de Faustino, no sentido de que estava "tudo parado" na poesia ocidental, pelo menos no que diz respeito à poesia anglófona não pode ser levada a sério.

Quanto ao Brasil, poderíamos mencionar que Drummond havia publicado sua obra-prima, *Claro enigma*, apenas seis anos antes de 1957. Mas o que torna o problema ainda mais complexo é que a afirmação de Faustino não é coerente nem mesmo com sua própria avaliação da poesia brasileira de seu tempo. A *Invenção de Orfeu* de Jorge de Lima, que ele chega a qualificar como "o melhor poema da língua [...] melhor até mesmo talvez que *Os lusíadas*" (Faustino, 2003, p. 473), havia saído apenas cinco anos antes de ele publicar a frase transcrita acima. Isso mesmo: o livro que, para Faustino, era o melhor poema da língua portuguesa tinha sido publicado num momento em que supostamente nada estava acontecendo no campo da poesia. E as duas afirmações – a de que estaria "tudo parado" na poesia ocidental e a de que *Invenção de Orfeu* seria "o melhor poema da língua" – são feitas no *mesmo* artigo. Como a ideologia poética assumida por Faustino tem como um de seus axiomas básicos a ideia de que o verso está em crise, de que o "ciclo histórico" do verso chegou ao fim, o crítico é obrigado a ignorar todas as evidências em sentido contrário, inclusive sua própria avaliação da obra de um dos poetas brasileiros de seu tempo. É curioso constatar como uma convicção ideológica ferrenha consegue levar uma pessoa muitíssimo inteligente e bem informada a não enxergar algo que está diante de seus olhos e a contradizer-se da maneira mais flagrante – sem, ao que tudo indica, se dar conta do fato.

De onde provinha a ideia de que a marcha da história obrigava os poetas a abrir mão do verso? Para as concretistas, como já observei, a publicação de *Un coup de dés* seria o marco definitivo: palavras soltas no espaço da página, libertas da linearidade; o uso de fontes e corpos de fontes diferentes como recurso poético. Mas também era de importância fundamental um texto crítico de Mallarmé, "Crise de vers", publicado em 1896; ali estaria exposta de modo incontestável a tese de que o verso estava esgotado; portanto, era necessário encontrar um substituto para ele, e o caminho que levaria a essa nova forma era justamente o que era apontado pelo *Coup de dés*: a utilização de elementos gráficos dispostos na página de modo não linear. Negar essa posição era nadar contra a corrente da História, com H maiúscula.

Num texto importante, "Poetas à beira de uma crise de versos", Marcos Siscar (2010) discute a leitura de "Crise de vers" proposta pelos concretistas, que se tornou canônica. Siscar argumenta que, na verdade, a tese do poeta francês é muito diferente da leitura apregoada pelo grupo de *Noigandres*: a crise a que Mallarmé estaria se referindo não era do verso em geral, nem sequer do verso francês como um todo, mas especificamente da forma métrica mais empregada no idioma: o alexandrino – "ou, de modo mais exato, [...] de um certo *uso* do alexandrino, ancorado na tradição solene da rima e da métrica" (p. 108). Essa crise teria sido deflagrada pela morte de Victor Hugo, ocorrida em 1885. Com o passar das décadas, Hugo havia de tal modo se identificado com a poesia francesa que praticamente passara a personificá-la. Clive Scott comenta que Mallarmé não foi o único que viu a morte de Hugo como tendo um efeito libertador sobre o verso francês: Pierre de Barneville, dois anos depois da publicação de "Crise de vers", afirma que "Le vers, je crois, avec respect attendit que le géant qui l'identifiait à sa main tenace et plus ferme toujours de forgeron, vint à manquer; pour, lui, se rompre" (apud Scott, 1990, p. 54-55).[1] Segundo Scott, teria sido precisamente em 1886, o ano após o da morte de

Hugo, que surgiu o verso livre na língua francesa. Assim, a "*crise de vers*" anunciada por Mallarmé e confirmada por Barneville teria sido não uma crise *do* verso, e sim uma crise *de versos*: para citar Siscar mais uma vez, não "uma interrupção ou um colapso histórico do verso; antes, uma irritação *do* verso, dentro do verso, e a propósito dele" (p. 107).

A posição defendida por Siscar em relação à poesia francesa é, a meu ver, corroborada pela observação das mudanças ocorridas com o verso no contexto da poesia na língua inglesa a partir do modernismo. Nenhum dos principais poetas anglófonos do período — a começar pelo próprio Ezra Pound, principal referência teórica dos concretistas — jamais afirmou que o verso em si estaria passando por uma crise terminal. Como já observei, mesmo os *Cantos* de Pound utilizam versos, ainda que por vezes dispostos na página de modo não de todo convencional e interrompidos aqui e ali por um ideograma chinês ou algum outro grafismo. No Canto LXXXI, numa passagem famosa, Pound afirma: "To break the pentameter, that was the first heave".[2] Ou seja: tal como ocorreu no francês, em que a revolução do verso livre começou com o esgarçamento do alexandrino, o momento inicial do projeto modernista anglófono teria sido, segundo Pound, a quebra do pentâmetro iâmbico, o verso hegemônico e central da tradição poética do idioma. As novas possibilidades que se abrem a partir da defasagem radical entre o verso como entidade gráfica e o verso como cadeia sonora terminaram por levar os poetas a se afastar de todos os metros codificados da poesia inglesa, e da própria noção de contrato métrico; mas a ideia de que o verso em si deveria ser abandonado não chegou a se difundir na cultura anglófona.

Voltemos, porém, à posição defendida pelos concretistas. Como a linguagem oral é de natureza irremediavelmente linear, o abandono do verso implicava que a nova poesia deveria ser de natureza visual, e não sonora. Até então, todos os poemas escritos tinham realização sonora, ainda que, no caso das novas formas de verso livre surgidas a partir da virada do século, alguns efeitos se perdessem quando se ouvia o poema sendo lido em voz alta sem ao mesmo tempo ter diante dos olhos sua forma gráfica; assim, os *enjambements* radicais de William Carlos Williams ganham sentido justamente no confronto entre verso gráfico e verso sonoro. A poesia concreta e as outras neovanguardas brasileiras representaram, portanto, um ataque à própria ideia de linearidade como componente fundamental do poema. Mas não deixa de ser curioso constatar que a visão de historicidade defendida pelos concretistas, e também pela maioria dos proponentes das vanguardas artísticas, é marcada precisamente pela lineariedade: segundo essa visão, a história do verso se desenvolveria numa progressão que culminava no momento – antecipado por Mallarmé, Pound e outros nomes do paideuma concretista – de uma crise final, em que ele precisaria ser substituído por uma nova poesia visual, que não dependesse de versos. É bem verdade que a concepção evolucionista da história das formas poéticas adotada pelos concretistas era complementada por uma sofisticada percepção sincrônica do *corpus* poético ocidental, ou mesmo mundial: a ideia de que os poetas-inventores eram de certo modo nossos eternos contemporâneos era importante como justificativa do projeto de tradução poética a que os concretistas se entregaram, e que acabou sendo um dos mais importantes dos muitos legados do movimento. Mas essa perspectiva sincrônica não anulava o viés evolucionista por trás da afirmação da morte do verso.

Na verdade, o evolucionismo caracterizou boa parte dos movimentos de vanguarda, tanto no modernismo clássico do início do século XX quanto no período das neovanguardas do meio do século. De modo geral, as vanguardas tinham um caráter duplo: prescritivo, na medida em que apregoavam uma proposta nova, e proscritivo, ao condenar formas e soluções consideradas comprometidas com o passado. A exceção à regra, no caso brasileiro, foi a tropicália, movimento que, como observa Santuza Cambraia Naves, em vez de postular "a ruptura radical com a tradição, [...] adotou uma atitude incorporativa com relação a grande parte do repertório popular musical" (2001, p. 47-48). Para os tropicalistas, a bossa nova não implicava a obsolescência do samba tradicional, e o iê-iê-iê podia coexistir com o bumba-meu-boi. É mais do que significativo, portanto, que a tropicália tenha encerrado o ciclo dos movimentos de neovanguarda: por volta de 1968, o evolucionismo já parecia esgotado como maneira de pensar a história das formas artísticas.

Antonio Cicero comenta que as vanguardas julgam estar substituindo formas antigas por novas, mas o que elas de fato fazem quando têm sucesso é aumentar o repertório técnico da arte, e desse modo "expandir a extensão da nossa noção de poesia" (2005, p. 24). Assim, novas práticas poéticas vêm se juntar às que já existem – algumas há muito tempo – e com elas passam a conviver. As práticas novas, porém, não acarretam necessariamente a morte das antigas. Sem dúvida, há formas e gêneros poéticos que entram em declínio, como é o caso da epopeia e da poesia dramática no atual momento histórico. Aliás, não deixa de ser irônico observar que uma das formas que parecem ter caído em relativo desuso na atualidade é o verso livre longo, enfático, retórico, terminado em pausa, que foi protagonizado por Walt Whitman em meados do século XIX, levado para o francês um ano após a morte de Hugo, e introduzido na língua portuguesa pela geração de Pessoa em Portugal e pelos nossos modernistas no Brasil – precisamente o verso que durante tanto tempo foi sinônimo de modernidade nas literaturas ocidentais. Voltando ao texto de Antonio Cicero, ele observa também que a verdadeira lição das vanguardas poéticas é que "não é a obediência a esta ou aquela regra particular, a adoção desta ou daquela forma, a pertinência a este ou àquele gênero o que garante a qualidade artística de uma obra de arte" (p. 24): assim, o verso livre prova que a essência da poesia não exige a metrificação nem a rima, tal como a poesia concreta demonstra que é possível utilizar elementos gráficos não lineares como recursos poéticos. Observa Gonzalo Aguiar, um estudioso do concretismo:

> Para a poesia contemporânea, depois da intervenção vanguardista, a versificação, a métrica, a rima e outros procedimentos estão no campo do *possível* e já não têm um sentido obrigatório: são um *repertório de formas* à disposição do trabalho poético. O retorno a esquemas regulares limita esse inventário e exclui suas resoluções mais extremas, mas não por isso reinstala sua necessidade. (Aguilar, 2005, p. 179)

Ao mesmo tempo, porém, essa mesma constatação nos leva a concluir que a ideia de evolução, no sentido de aperfeiçoamento, não faz sentido em arte: se nenhum recurso poético é obrigatório nem essencial, a poesia de uma época não pode ser intrinsecamente superior a outra qualquer: "o que é mais novo não é necessariamente melhor do que o mais velho, nem vice-versa" (Cicero, 2005, p. 28). Atente-se para "vice-versa": o fetiche do novo é a contraparte moderna da essencialização das formas antigas, tão comum em momentos anteriores da história da poesia. Por exemplo, por muito tempo se tentou produzir poesia em inglês a partir de um sistema fundado na distinção entre sílabas longas e breves que fundamentava a prosódia grega e a latina, com base na convicção inquestionável de que o sistema quantitativo era superior ao silábico-acentual, por estar associado à literatura clássica. Mas seria tão absurdo dizer que a poesia inglesa é por definição inferior à grega por não trabalhar com quantidade vocálica quanto seria afirmar a inferioridade da poesia francesa em relação às outras da Europa a partir do argumento de que o francês, ao contrário dos demais idiomas europeus, não dispõe de acento: a ausência de tonicidade fonêmica não impediu que a poesia francesa ocupasse uma posição central no Ocidente desde meados do século XIX até o início do século XX.

O poeta de hoje, que vive após o fim da era das vanguardas, tem a sua disposição uma variedade de recursos técnicos muito maior do que já teve qualquer poeta que estava em atuação dois séculos atrás, ou mesmo cem anos atrás; mas isso não nos autoriza a formular qualquer juízo de valor a respeito da poesia de agora em comparação com a produção de poetas de qualquer era passada. A ideia de experimento artístico é uma metáfora cientificista que funciona até certo ponto, mas há uma diferença crucial entre o trabalho do artista e o do cientista. A produção do cientista de hoje representa sem dúvida alguma um avanço em relação à de um cientista do passado; mas a experimentação artística, embora amplie o repertório do praticante da arte, não garante a superioridade do produto do seu trabalho. Um químico de agora que optasse por utilizar os instrumentos e os conceitos dos alquimistas de outrora simplesmente não seria levado a sério por seus pares; mas o poeta de nosso tempo não é de modo algum prejudicado se opta por trabalhar com versos, livres ou metrificados. Mesmo valendo-se de formas tradicionais, o poeta de hoje, se for inventivo, saberá usar essas formas de modo a adequá-las a seu tempo — tal como Dylan Thomas fez com a vilanela e John Ashbery fez com a sextina, como Fernando Pessoa e Drummond fizeram com o soneto, e como o próprio Haroldo de Campos fez com a terça-rima, décadas depois de ele e seus companheiros de movimento terem decretado a morte do verso. Afinal, a injunção de Pound tomada como mantra pelos concretistas, *make it new*, significa literalmente "tornar novo" um *it* cujo referente não é especificado, mas que sem dúvida é a própria poesia, essa arte antiquíssima. Cada nova geração de poetas se apossa do repertório de recursos disponíveis em seu momento histórico, que inclui novidades recentes e formas de épocas anteriores; e é combinando e recombinando essa profusão de ferramentas poéticas que os novos praticantes da arte forjam suas vozes individuais e escrevem a poesia de seu tempo.

Notas

1 "O verso, creio, esperou respeitosamente até que desaparecesse o gigante que o identificava a sua mão tenaz e cada vez mais firme de ferreiro, para ele próprio se romper." A tradução é minha.

2 "Quebrar o pentâmetro, foi esse o primeiro esforço".

Referências

AGUILAR, Gonzalo. *Poesia concreta brasileira: as vanguardas na encruzilhada modernista*. São Paulo: Edusp, 2005.

CAMPOS, Augusto de. Mário Faustino, o último *versemaker* [1978]. *Poesia antipoesia antropofagia & Cia.* São Paulo: Companhia das Letras, 2015.

__________; CAMPOS, Haroldo de; PIGNATARI, Décio. Plano-piloto para poesia concreta [1958]. *Teoria da poesia concreta: textos críticos e manifestos 1950-1960*. Cotia, SP: Ateliê Editorial, 2006.

CAMPOS, Haroldo de. Mário Faustino ou a impaciência órfica [1992]. *Metalinguagem & outras metas*. São Paulo: Perspectiva, 2006.

CHAMIE, Mario. *Lavra lavra*. São Paulo: Massao Ohno Editora, 1962.

CICERO, Antonio. Poesia e paisagens urbanas [2000]. *Finalidades sem fim: ensaios sobre poesia e arte*. São Paulo: Companhia das Letras, 2005.

FAUSTINO, Mário. A poesia "concreta" e o momento poético brasileiro [1957]. *De Anchieta aos concretos*. São Paulo: Companhia das Letras, 2003.

NAVES, Santuza Cambraia. *Da bossa nova à tropicália*. Rio de Janeiro: Zahar, 2001.

SCOTT, Clive. *Vers libre: the emergence of free verse in France 1886-1914*. Oxford: Clarendon Press, 1990.

SISCAR, Marcos. Poetas à beira de uma crise de versos [2007]. *Poesia e crise: ensaios sobre a "crise da poesia" como* topos *da modernidade*. Campinas: Editora da Unicamp, 2010.

Rendas para escafandro: infinitas finalidades num poema contemporâneo

Patrícia Lavelle

I
Autonomia e historicidade

Numa conversa recente, as poetas Lu Menezes e Angélica Freitas apresentaram o seu próprio fazer poético como investigação e descoberta. Para Lu Menezes, "a surpresa da descoberta de coisas que não sabia antes de escrever, no meu caso, é exatamente o móvel da escrita"; segundo Angélica, "a escrita é uma forma de investigação" (Freitas; Menezes; Pietrani, 2018, p. 228). Apesar das muitas diferenças em suas opções formais e temáticas, as duas autoras contemporâneas parecem convergir quanto ao "motor" investigativo da poesia, associando-a assim a uma finalidade cognitiva que aparece como exterior ou independente do valor estético e levaria o poema a borrar as fronteiras do campo literário em direção à filosofia – se a compreendermos no sentido literal, socrático, como desejo de saber.

Em seu ensaio-manifesto "Literaturas pós-autônomas", Josefina Ludmer afirma: "muitas escritas de hoje dramatizam certa situação da literatura: o processo de encerramento da literatura autônoma, aberta por Kant e a modernidade. O fim de uma era em que a literatura teve "uma lógica interna" e um poder crucial. O poder de definir-se e ser regida "pelas suas próprias leis", com instituições próprias (crítica, ensino, academias) que debatiam publicamente sua função, seu valor, seu sentido" (Ludmer, 2007, p. 3). Ludmer associa a autonomia do literário ao valor estético, reivindicando a virada pós-autônoma em nome de uma indistinção radical entre realidade e ficção.

Estas afirmações da crítica argentina podem ser contrapostas a posições teóricas de Flora Süssekind, num debate sobre a autonomia do literário que tem como ponto nodal o problema do "valor estético"[1]. Se Flora Süssekind defende a noção de "fazer literário" como hibridação que atravessa e borra fronteiras, problematizando uma concepção enrijecida do cânone literário como monumento intocável ou patrimônio, ela também aponta a confusão conceitual entre valor estético e valor artístico nas formulações de Ludmer, o que compromete a coerência argumentativa de sua teoria da pós-autonomia.

Na discussão da "pós-autonomia", a própria noção de "valor literário", relacionada por Ludmer ao caráter desinteressado do juízo estético e a finalidade sem fim do belo, tal como Kant o concebe, permanece efetivamente indiscutida. Afinal, se a autonomia do literário se funda sobre a finalidade sem fim da experiência estética, compreendê-la e problematizá-la implicaria interrogar de perto o conceito kantiano de belo, que não concerne apenas a arte – compreendida na introdução à *Crítica da faculdade de julgar* num sentido bastante largo, capaz de incluir todas as produções humanas – mas diz respeito sobretudo à natureza. Ora, a Analítica do belo examina detidamente a autonomia da experiência estética no que toca aos objetos naturais, mas não tematiza sua relação à historicidade das produções humanas. É na Analítica do sublime que Kant aborda o problema das "belas artes", sugerindo que nas produções artísticas a experiência estética se encontra necessariamente associada a outros elementos. Assim, uma rosa pode ser objeto de um "juízo de gosto puro" bastante simples – "esta flor é bela" – mas um poema não. Um poema nunca é só belo.

Como pensar o valor estético na pensatividade aberta do poema? E que relações este entretém com as heteronomias que atravessam a produção artística contemporânea, isto é, com interesses temáticos ou motivações que se confundem com impulsões éticas ou instigações teóricas? Para desenvolver tais questões, e poder melhor colocá-las, opto por uma abordagem crítica que permitirá uma confrontação efetiva com a historicidade textual, sem perder de vista as perspectivas teóricas aqui esboçadas. Afinal, a atitude investigativa e a surpresa da descoberta, que movimentam a escrita poética de Lu Menezes, inscrevem o "fazer poético" num campo inegavelmente híbrido, capaz até de se apropriar de textos filosóficos tradicionais. Proponho, assim, a leitura de um poema de Lu Menezes que tematiza (e problematiza) justamente a finalidade sem fim da beleza, fazendo render poeticamente uma citação da *Crítica da faculdade de julgar*.

II
Render

"Toda substância suscetível de dar
um fio pode dar
um tecido" no Lello Universal e no quintal
de mulher braçal que sempre
rentavelmente tece o que lhe acontece[2]

Estes primeiros versos do poema "Render", incluído em *Abre-te, Rosebud!* (1997), poderiam servir de apresentação para um procedimento poético bastante explorado por sua autora, Lu Menezes, cuja obra inclui ainda quatro outros volumes: *O Amor é tão esguio*, de 1980, *Onde o céu descasca*, publicado em 2011, e *Gabinete de curiosidades*, escrito em colaboração com Augusto Massi e publicado em 2015, além de *Querida holandesa de Vermeer*, de 2020. No penúltimo volume, toda a série de textos assinada pela poeta toma o bordado, por vezes associado à renda, como motivo desencadeador de reflexões sobre a própria experiência da criação poética. Um desses poemas brinca com a etimologia e o duplo sentido da palavra "renda", o que permite pensar o fazer poético como uma forma de tirar renda (de quase nada), de fazer render ou ainda de re-dar. Na poesia de Lu Menezes, os materiais mais diversos, retirados de seu tecido contextual anterior, frequentemente constituem fios com os quais ela tece preciosas rendas rítmicas.

O ritmo marcadamente irregular de seus poemas, nos quais uma cuidadosa alternância de silabas tônicas e átonas acompanha a abundância de rimas, "enjambements" e inversões, é o das intermitências da reflexão, o das interrogações teóricas. Não é raro que o melodema de uma pergunta intervenha nesta tessitura rítmica complexa criando pausas e interrupções, introduzindo descontinuidades. Assim, a renda intermitente do ritmo é o correlato formal de escolhas temáticas que, trançando fios em novas e delicadas tramas, correspondem à urdidura do pensamento.

No pensamento poético de Lu Menezes, elementos conceituais próprios à reflexão filosófica não se opõem à esfera da vida cotidiana no mundo contemporâneo, rodeada por meios de comunicação de massa e produtos industriais. Ao contrário. Segundo o comentário de Paula Glenadel:

> É com uma verve singular que a poesia meneziana pensa este mundo, por meio de uma tendência bem sua de justificar elementos contingentes totalmente díspares dados do acaso, colocando-os juntos de modo logopaico, buscando curiosos e originais raciocínios que os abriguem. O pensamento criado por essa poesia consiste, assim, na ginástica da mente para criar um nexo novo entre tal elemento concreto e tal ideia abstrata, entre o "Reino do Real" e o "paralelo/Império da Linguagem" (Menezes, 2011, p. 93) que lhe confere sentido e valor, ainda que provisórios. (Glenadel, 2016, p. 65)

III
Escafandro para Narciso

A poesia de Lu Menezes se constitui como experiência de exploração do mundo ordinário – experiência que, em "Escafandro para Narciso", penúltimo texto de *Onde o céu descasca* (2011), se configura como investigação estética sobre a própria beleza. Assim, sua leitura crítica nos permitirá pensar o valor estético como um ponto nodal no qual a heteronomia da interrogação teórica se confronta à autonomia do próprio poema. Neste entrecruzamento, encontraremos a busca da beleza que se esconde nos cantos mais secretos e inesperados do real. Confrontando-se à necessidade antropológica desta busca, este poema tem como tema justamente a questão filosófica do belo. Assim, proponho lê-lo e insistir em sua leitura, procurando reconstruir os tecidos prévios dos quais a poeta extrai os fios que transforma e faz render.

No século das luzes, assombrou um luminar da razão
que até o fundo do oceano, "onde o olho humano
raramente chega",
chegasse a beleza
Hoje
com nosso olhar extra-humano
em troncos rochas seixos nuvens,
em vasos sanguíneos
mergulhando
fundo
– tão fundo que via mapas
de Sherazades-geômetras
chegamos
ao âmago, aos mananciais
de arabescos fractais –
hoje mais
que a própria
serpenteante
beleza recém-nascida
(proliferando sob medida
de transbordante em transbordante
represa incontida)
intriga é que ela ostente
a cada autosemelhante
salto da sua
correnteza de surpresas,
essa razão
inesgotável, uma razão
obsessiva
como se
não de um século, e sim
de todos, de tudo,

"do duro cerne da beleza"
jorrassem já as luzes[3]

O título já contém um dos fios que compõem a renda do poema: a referência ao mito de Narciso, jovem de rara beleza que se abisma na contemplação apaixonada de sua própria imagem refletida num lago, até transformar-se em flor. A inusitada e irônica atribuição de um escafandro para Narciso pressupõe, no entanto, uma alegorização do mito, sua transposição num registro conceitual que exclui uma interpretação ou projeção de ordem psicológica ou psicanalítica, mas remete a uma esfera antropológica da reflexão estética. Convidando-nos a mergulhar nas profundezas do poema, o título "Escafandro para Narciso" funciona assim como uma imagem-síntese daquilo que o poema rende, isto é, da produtividade propriamente poética da trama complexa na qual vem se entrelaçar leituras prévias.

A primeira citação é atribuída ao "luminar da razão" que, em pleno século das luzes, assombra-se com a existência na natureza de belezas que permanecem ocultas ao olhar humano – e aqui a palavra escolhida para indicar a surpresa ou o espanto do pensador é significativa, pois introduz astuciosamente a imagem de uma sombra na metafórica luminosa da *Aufklärung*. A alusão a estas belezas que projetam uma sombra na luminosidade homogênea da razão simplesmente porque se subtraem ao olhar humano, corresponde a uma passagem da *Crítica da faculdade do juízo*. Incluída no §30, no qual Kant procura legitimar a presunção de universalidade do juízo de gosto sobre o belo da natureza na medida em que este se baseia numa finalidade interna à forma do objeto, e portanto sem fim exterior, a frase citada no poema corresponde à seguinte questão: "como explicar que a natureza tenha espalhado a beleza por toda parte, de maneira tão pródiga, e até mesmo no fundo do oceano, onde os olhos humanos (os únicos para os quais tal beleza é conforme a fins) dificilmente alcançam?" (Kant, 2016, p. 177, §30).

A pergunta, que permanece sem resposta, se inscreve no contexto de discussão do problema da finalidade sem fim do belo na natureza. Segundo Kant, "a beleza natural (...) traz consigo uma finalidade em sua forma, pela qual o objeto parece como que predeterminado para a nossa faculdade de julgar" (p.141, §23). Isto é, o objeto julgado belo é representado como conforme ao próprio juízo em seu uso reflexivo. Assim, a beleza natural nos permite conceber a natureza como um sistema cujo princípio é o de uma finalidade relativa apenas à capacidade humana de julgar. Em outras palavras, na experiência do belo, consideramos o objeto natural por analogia com a arte. Neste sentido, a representação dessa finalidade interna, desprovida de um fim exterior à forma do objeto, estende e amplia esteticamente o próprio conceito de natureza, problematizando suas fronteiras. No juízo de gosto puro, que concerne a beleza dos objetos naturais – uma rosa, por exemplo –, a natureza deixa de ser vista como um sistema regido por leis que podemos conhecer objetivamente para aparecer também como se fosse uma obra de arte.

Artefato técnico com o qual Narciso pode mergulhar fundo em sua própria imagem, o escafandro é ao mesmo tempo uma máscara sob a qual ele mesmo – a origem reflexiva do belo e da busca da beleza – se esconde de si. O poema evoca justamente a ampliação técnica do espectro perceptível, esse "olhar-extra humano" que, hoje, nos permite mergulhar cada vez mais fundo para encontrar ainda, na complexidade regrada do infinitamente pequeno, não apenas uma extensão do conhecimento da natureza, mas ainda o aprofundamento infinitesimal de sua beleza - e neste, a confrontação radical com a finalidade sem fim na qual o pensamento reflexivo, apaixonado narcísico de si mesmo, se vê refletido.

O poema se refere aqui aos "arabescos fractais", formas geométricas complexas que se expandem de modo similar em escala progressiva. Estas figuras correspondem a configurações matemáticas que permitem a mensuração de superfícies irregulares, complexas demais para a geometria euclidiana. Entretanto, talvez por um efeito de espelhamento da razão em novos campos no real, também podem ser observadas em objetos da natureza. Verdadeiras rendas técnicas, estes arabescos não progridem por identidade, mas através de um desenvolvimento por auto-semelhança que engendra, a cada vez, pequenos deslocamentos. Espelhando-se com pequenas distorções em cada uma de suas partes, os fractais desenham ritmos em estranhas e belas imagens.

Estas formas complexas são de certo modo equivalentes visuais da estrutura em eco que, segundo a leitura proposta por Flora Süssekind, constitui um princípio formal fundamental da poesia de Lu Menezes. De acordo com esta via interpretativa, desenvolvida também por Paula Glenadel, os ecos proliferam tanto no plano rítmico, com cadeias de aliterações, assonâncias e duplicações de palavras, quanto nas contorções da sintaxe - e eles se traduzem também no desdobramento de uma imagem determinada em uma profusão de outras que guardam pontos em comum com a primeira, mas se distanciam progressivamente dela, operando por deformação. Segundo Flora Sussekind:

> Essa série de ecos, no entanto, ao mesmo tempo que parece criar um certo padrão sonoro e imagético, em vez do repetitivo especular, acentua, via repetição, o caráter autocorretivo, as sucessivas mudanças de rumo [...] que singularizam o método poético de Lu Menezes. (apud Glenadel, 2016, p. 67)

Neste sentido, o motivo metalinguístico da "renda" que já evocamos, remete tanto ao dos arabescos fractais quanto ao do eco. As rendas poéticas de Lu Menezes são estruturas auto semelhantes de progressão e disseminação de representações rítmicas, sintáxicas e imaginativas. Mas o motivo remete também a um outro aspecto importante de sua poética: o da tessitura delicada que reúne os materiais mais diversos, fazendo render de maneira surpreendente os fios escolhidos de tecidos pré-existentes. É, aliás, este trabalho de retissagem numa renda cuidadosamente digressiva que encontramos exemplarmente em "Escafandro para Narciso".

A um Narciso contemporâneo, tecnicamente equipado em seus múltiplos e mínimos escafandros, o que mais intriga é que esta "beleza recém-nascida" ostente/a cada auto semelhante/ salto da sua/correnteza de surpresas, /essa razão/inesgotável, uma razão obsessiva": o próprio "como se" do juízo reflexivo, que se destaca ritmicamente num verso. Essa pura forma da finalidade independentemente de todo fim, seria ela afinal "o duro cerne da beleza"? Com suas repetições sempre ligeiramente deslocadas, e portanto transformadoras, talvez seja ainda Eco que responde a este Narciso racional, como outrora ao das *Metamorfoses* de Ovídio. Pois, com esta segunda citação, tirada de um poema de William Carlos Williams, mais um fio entremeia-se na trama.

Entre o juízo reflexivo e seu reflexo – a finalidade sem fim da beleza – se esboça um movimento propriamente poético de alargamento do campo estético.

IV
The hard core of beauty

Com a citação de William Carlos Williams, mais um fio significativo se entremeia nesta renda rítmica entre a beleza e seus reflexos. Proponho então a leitura do longo poema de Williams na tradução de José Paulo Paes, referida aliás por Lu Menezes em nota:

O mais esplêndido não é
a beleza, por profunda que seja,
mas a clássica tentativa
de beleza,
em meio ao charco: a
estrada interrompida, abandonada
quando a nova ponte finalmente entrou em uso.
Ali, de ambos os lados de uma entrada
cuja tinta, crestada pelo sol,
começa a descascar –
dois vasos de gerânios.
Pois entre: em uma das paredes,
pintadas numa placa ornamental,
romãs maduras.
– e, ao sair, repare lá
embaixo na estrada – numa unha,
numa unha de polegar se poderia esboçá-lo –
degraus de pedra subindo
pela fachada toda até, no

primeiro andar, um
minúsculo
pórtico
em bico como o palato
de uma criança! Deus nos dê de novo
igual intrepidez.
Há tufos
de roseiras dos dois lados
dessa entrada e ameixeiras
(uma seca) circundadas
na base por carcaças
de pneus velhos! sem outro propósito
senão a glória da Divindade
a qual fez aparecerem
ambos os seus ombros, sustentando
o enlameado lourejar
de suas tranças, acima
das ondas pacientes.
E nós? o vasto mundo inteiro abandonado
sem nenhuma razão, intacto,
o mundo perdido da simetria
e da graça: sacos de carvão
jeitosamente empilhados sob
o telheiro dos fundos, o
fosso bem atrás um passadiço
por entre a lama,
triunfante! ao prazer,
prazer; prazer de barco,
retirada vereda de um domingo
até o livre rio.[4]

Numa primeira leitura, compreendemos que o poema de William Carlos Williams estende a experiência do belo às coisas mais comuns e sem importância – entretanto, mais ainda do que propor uma ampliação das experiências tradicionalmente consideradas como estéticas, ele chama a atenção para a beleza intrínseca à clássica busca da beleza, ao desejo de beleza. E assim, numa segunda leitura, a descrição da entrada na estrada abandonada se transfigura em alegoria irônica da caverna platônica onde encontramos "em uma das paredes/pintadas numa placa ornamental, / romãs maduras". Mas a saída desta caverna não nos leva à fonte de luz, ao Belo em si, que, identificado ao Bem no mito platônico, projeta as sombras na parede da caverna. Ela nos leva a uma outra entrada, "minúsculo/ pórtico" onde uma divindade suburbana cultiva roseiras e ameixeiras cercadas por velhos pneus. Entre as coisas banais que o poema de Williams descreve, ao recria-las, o núcleo duro da beleza aparece como tentativa ao mesmo tempo modesta e ambiciosa de criar o belo.

Desta modéstia ambiciosa que constitui o núcleo propriamente poético da beleza, talvez jorrem já as luzes com as quais se conclui "Escafandro para Narciso". Que a razão possa encontrar seu reflexo narcísico na finalidade sem fim de Kant e que este espelhamento especulativo possa alargar esteticamente o campo da experiência, e que a busca desse alargamento possa constituir o "duro cerne da beleza" de que fala Williams, e que este cerne possa se realizar e desenvolver como "*poiésis*", e que este impulso poético seja a própria fonte das luzes da razão – eis a urdidura conceitual que o poema de Lu Menezes faz render.

Notas

1 Cf. Wolff, 2016, que retraça certas etapas deste debate. Remeto também à aula aberta dada por Flora Süssekind no âmbito da disciplina Teorias da Literatura, que ministrei na graduação em Letras da PUC-Rio no segundo semestre de 2020, e foi registrada em vídeo: https://www.youtube.com/watch?v=gm4TYuLu0gA

2 Lu Menezes. "Render", *Abre-te, Rosebud!* Rio de Janeiro: Sette Letras, 1997, p. 58.

3 Lu Menezes. Escafandro para Narciso. *Onde o céu descasca*. Rio de Janeiro: 7Letras, 2018, p. 101.

4 William Carlos Williams, "O duro cerne da beleza" ("The hard core of beauty"), *Poemas* (seleção, tradução e estudo crítico de José Paulo Paes). São Paulo: Companhia das Letras, 1987, p. 183.

Referências

GLENADEL, P. "Contos de fatos": aspectos da poética de Lu Menezes. In: SCRAMIN, S.; SISCAR, M.; PUCHEU, A. (orgs.) *Linhas de fuga. Poesia, modernidade e contemporaneidade*. São Paulo: Iluminuras, 2016.

KANT, I. *Crítica da faculdade de julgar*. Trad. Fernando Costa Mattos. Petrópolis: Vozes, 2016.

LUDMER, J. Literaturas pós-autônomas. *Sopro*, n. 20, 2010.

MENEZES, L. *Onde o céu descasca*. Rio de Janeiro: 7Letras, 2018.

MENEZES, L. *Abre-te, Rosebud !* Rio de Janeiro: 7Letras, 1997.

MENEZES, Lu. *Labor de sondar* [1977-2022]. São Paulo: Luna Park/Fósforo ("Círculo de poemas"), 2022.

WILLIAMS, W. C. *Poemas*. Seleção, tradução e estudo crítico de José Paulo Paes. São Paulo: Companhia das Letras, 1987.

SÜSSEKIND, F. Aula aberta online, integrada ao programa da disciplina Teorias da Literatura, que ofereci no Departamento de Letras da PUC-Rio.

SÜSSEKIND, F. Questões de eco. In: *Coros contrários*, massa. Recife: Cepe, 2022.

WOLFF, J. H. Josefina e Flora: pós-autonomia e crítica ficcional. *Revista Letras*, n. 93, Curitiba, jan-jun./2016, p. 33-51.

Como pensa o poema?
Dois modelos contemporâneos

Daniel Arelli

Ele [Musil] admite que, numa obra literária,
se possam exprimir pensamentos tão difíceis
e de uma forma tão abstrata como
numa obra filosófica, mas na condição
de ainda não serem pensamentos.
[Blanchot sobre Robert Musil]

Parece-lhe [a Macedônio] possível
que num romance se expressem pensamentos tão difíceis
e de forma tão abstrata quanto numa obra filosófica,
mas na condição de que pareçam falsos.
[Ricardo Piglia sobre Macedónio Fernandes]

I

Quem está habituado a pensar com os ouvidos não deixará de notar o fundo capcioso da questão que dá título a meu texto. Pois ao perguntar *como pensa o poema?* já pressupomos, evidentemente, que *o poema pensa* de alguma maneira, já tomando por decidida aquela questão mais fundamental que, como se sabe, é objeto de controvérsia milenar no interior da história da filosofia ocidental: a questão de saber *se* o poema pensa, ou *se há pensamento no poema*. Em outros termos, com essa questão já tomamos partido do poema *enquanto* pensamento – contra uma antiga e influente tradição socrático-platônica que vê no poema justamente o não-pensamento, ou o *duplo enganoso* do pensamento verdadeiro. Conhecemos a violência do texto platônico no que concerne ao poema: haveria uma oposição de princípio entre poesia e filosofia na medida em que o poema permanece submetido à imagem, à singularidade da experiência sensível; a filosofia, ao contrário, enquanto pensamento dedutivamente encadeado (*dianoia*), teria como paradigma a *matemática*, cujo ponto de partida não é a experiência sensível, mas a Ideia pura. Desse ponto de vista, deve-se dizer que, para a tradição socrático-platônica, *não há* pensamento do poema, ou que o poema *não* pensa – com efeito, ele se aproximaria antes da sofística, esse duplo enganoso do pensamento, do que da filosofia.[1]

Antes de negar externamente essa venerável tradição que se impõe como uma sombra a todo esforço de pensar o poema ou de concebê-lo *como* pensamento, proponho o seguinte (e mais modesto) exercício: partir da práxis concreta de certa poesia contemporânea que se compreende *em íntima ligação com o pensamento* e interrogar *que conceito de pensamento* ou *que imagem de pensamento* emerge dela. Pois é um fato digno de nota que vários poetas contemporâneos compreendem a sua própria prática poética não tanto com auxílio de categorias pertencentes ao domínio da estética, mas com *categorias fundamentalmente epistêmicas*. São poéticas, em outros termos, que se servem de maneira autoconsciente de categorias como *conhecimento e teoria*, e não tanto de categorias como *beleza* ou *expressão*, em sua própria autocompreensão prática. Esse é o caso, entre outros, de Angélica Freitas e de Marília Garcia, de cujas obras partirei a seguir. Não creio que minha interpretação dessas poetas será particularmente original, tendo em vista sua fortuna crítica que já começa a se acumular; meu esforço se concentrará sobretudo em uma tentativa posterior de elaboração analítica. Novamente, minha pergunta a essas poéticas – ou *a partir* dessas poéticas – é a seguinte: concedendo que efetivamente há algo da ordem do pensamento que se materializa nessas poéticas, como afirma a autopercepção de suas autoras, que conceito de pensamento ou que imagem de pensamento se pode depreender delas? Como elaborar filosoficamente esse conceito de pensamento?

Antes de passar a um rápido exame dessas poéticas, gostaria de antecipar a resposta a uma objeção provável. Como utilizarei uma ou outra declaração sumária dessas poetas dadas em entrevistas recentes sobre sua própria atividade poética, pode-se objetar que incorro no equívoco do *biografismo*, isto é, que priorizo a autocompreensão das poetas sobre seu próprio trabalho em detrimento da objetividade do material poético que necessariamente transcende essa autocompreensão. Concedo que a opinião das poetas sobre seu próprio trabalho é apenas uma opinião entre outras, e não necessariamente a mais bem informada ou a mais bem equipada analiticamente. No entanto, não me parece um dado desprezível, como mencionado, que essa autocompreensão seja mediada por categorias epistêmicas, a despeito da grande heterogeneidade das poéticas em jogo. *Ao menos como ponto de partida*, portanto, essa autocompreensão as situa em certo terreno filosoficamente relevante quando se trata do pensamento do poema; utilizo-a, no máximo, como hipótese inicial ou como chave de leitura, para enfim verificar se e como essa autocompreensão se plasma – ou não se plasma – concretamente nas obras.

II

"Pra mim, escrever poesia é uma forma de *investigação*. É uma forma de investigar o mundo e investigar a linguagem. Às vezes essas investigações podem interessar a outras pessoas. (...) Escrever é uma coisa que me ancora no mundo, eu sou bastante aérea, sabe, vivo no mundo da Lua, e no momento em que eu estou escrevendo, até por ser um ato físico, isso me ancora no mundo".[2]

Trata-se de uma declaração relativamente descompromissada dada pela poeta a um canal de literatura do Youtube – o que não deve significar, bem entendido, que se trata de uma declaração gratuita. Tomada como hipótese interpretativa, é possível retirar dela os elementos essenciais para uma abordagem da poesia de Angélica Freitas como *exercício de pensamento*, sobretudo a partir da consolidação de sua poética em *Um útero é do tamanho de um punho:* a prática de poesia é concebida como um tipo de *investigação* que, embora realizada a partir do ancoramento material do poeta no mundo, não se volta para si, mas se dirije sobretudo ao mundo e à linguagem.

Em primeiro lugar: não é um dado ordinário que o resultado de uma *investigação* sobre a linguagem e o mundo possa ser algo como um poema, e não um texto teórico em sentido tradicional. É verdade que, por se tratar de uma forma de investigação, é de se supor que o poema fatalmente partilhará com a teoria certos caracteres essenciais: trata-se de uma busca cujo objeto não está dado de antemão; esse objeto se constitui e pode mesmo potencialmente se modificar com o desenrolar da própria busca; a investigação possui provavelmente um método, ou em todo caso alguns *princípios de consistência* mais ou menos controláveis; ela parte possivelmente de determinadas hipóteses e, por fim, a depender de seu sucesso, poderá resultar em algo que receberá estatuto de conhecimento. Temos também bons motivos, no entanto, para pensar que se trata de uma forma de investigação *sui generis*, de natureza distinta da teoria tradicional – compreender sua especificidade é compreender como pensa o poema.

Minha hipótese é a de que, particularmente em *Um útero é do tamanho de um punho*, essa especificidade reside não tanto nos aspectos mais imediatamente *experienciais* do poema, isto é, naquela camada mais facilmente relacionada à experiência da poeta, mas sobretudo em seus *procedimentos técnico-formais*. A experiência subjetiva, a própria linguagem, o mundo são, antes, os objetos sobre os quais incidem os procedimentos do poema: a serialização proliferante de variações sobre um mesmo tema (de proveniências diversas – da cultura popular, da cultura pop, dos lugares-comuns e clichês sedimentados na linguagem etc.), a repetição exaustiva de determinados complexos linguísticos até sua saturação cômica, o uso controlado de ferramentas aleatorizantes e algorítmicas como os serviços de busca da internet e, não por último, o humor, a paródia, o riso como ferramentas discursivas privilegiadas de articulação formal.

Trata-se aí, para falar com o crítico Gustavo Silveira Ribeiro[3], de uma verdadeira *maquinaria do poema* que pode ser direcionada a diferentes objetos e que, como tal, tem o potencial de estranhá-los imanentemente. No caso de *Um útero*, o objeto privilegiado sobre o qual incide essa maquinaria do poema parece ser *a própria linguagem* compreendida como receptáculo multidimensional de intencionalidade, de historicidade e, claro, *de poder*: ao incidir sobre a língua, os procedimentos revolvem suas camadas fossilizadas, refluidificam o que se estagnou e dão a ver o que estava oculto sob o véu da naturalidade. Essa operação provoca o riso, claro, mas o riso sempre atado à reflexão, sempre o riso algo desconfortante. Daí provém também a sua dimensão *crítica*, que, acredito, não se confunde com a enunciação direta de conteúdos advindos do universo da militância, mas é, ela mesmo, de natureza fundamentalmente *procedimental*. A crítica e *a militância de gênero* que o livro mobiliza são sobretudo um *exercício* na linguagem e através da linguagem, não uma mera visão de mundo entre outras ou, menos ainda, mero produto da expressão subjetiva – daí sua radicalidade e potencial universalidade. Pois *criticar*, como ensina o velho Hegel[4], é voltar as armas do adversário contra ele próprio, e não sobrepor exteriormente *"nosso" corpus* doutrinal contra o do adversário como se ambos fossem equivalentes; o que a crítica deve fazer, em outros termos, é corroer internamente as bases do discurso do adversário. Creio ser algo bem próximo disso que a crítica como procedimento de linguagem efetua em *Um útero*.

Visto desse modo, parece ganhar contornos mais nítidos a hipótese de que são sobretudo os procedimentos técnico-formais que podem conferir ao poema seu estatuto de *investigação*, filiando-o intimamente ao pensamento. Temos aí um objeto de investigação, ainda que ele se modifique estruturalmente durante o processo; um conjunto de métodos ou "princípios de consistência" formalmente determinados e, por que não dizê-lo, algo como um "resultado" da investigação, o próprio poema, que pode erguer a pretensão de materializar em si certo tipo de conhecimento. – Antes de procurar aprofundar e problematizar essa hipótese, analisemos rapidamente a poética de Marília Garcia no que ela se compreende em filiação íntima ao pensamento.

III

Para iniciar a discussão sobre a poética de Marília Garcia, não partirei de uma declaração sobre seu próprio trabalho, mas de trechos de dois de seus poemas recentes. São poemas que compõem a série "O poema no tubo de ensaio", presente no livro *Parque das ruínas*, de 2018. Eles se chamam *Testar a memória* e *Testar os resistores*.

[Testar a memória]

há alguns anos li uma entrevista
com o escritor emmanuel hocquard
a certa altura o entrevistador pergunta
por que hocquard não escreve um ensaio
sobre determinado assunto
hocquard responde que   para ele
um poema podia ser tão teórico
quanto um ensaio
um poema podia partir de uma experiência
e produzir pensamento
talvez ele já tivesse "ensaiado"
aquele assunto num poema
eu passei anos pensando nessa resposta
e aos poucos a transformei em perguntas:
em que medida o poema pode formular um pensamento?
          quais questões levanta? como faz isso?
qual forma utiliza   qual dispositivo?

Se escrever ensaisticamente é escrever experimentando
será que um poema pode ser tão crítico como o ensaio?
(...)

[Testar os resistores]

em 2014 publiquei um livro que era um teste
e que conversava com o livro de hocquard
tentei incorporar algumas ferramentos do ensaio
para dentro do poema
                                                            será que assim daria para ver
a carga teórica de um poema?
depois de publicado o livro me perguntaram:
por que você insiste em chamar de *poema*?
será que o poema continua sendo poema?
será que o poema deixa de ser poema
                                                            por que se confunde com
outro gênero?
será que esse teste poderia ser um ensaio?
quais os limites de cada um? quais as medidas?
ferramentas? restrições?

o teste inclui fazer perguntas
                                                            o teste inclui ter parâmetros

queria lembrar a já citada etimologia da palavra *ensaio*
e usar aquela imagem da balança:

se pego uma balança antiga para pesar um objeto
preciso de dois pratos   certo?
sobre um coloco um peso
                                                            que seria um parâmetro
e pode ser determinado por mim mesma
sobre outro prato
coloco aquilo que será
pesado

testado
avaliado
provado

se quero pesar a poesia quais são os parâmetros?
a relação com determinada tradição? o verso? o tom?
o que faz um poema ser um poema?
talvez seja difícil pesar porque temos um excesso
de parâmetros

o hugo friedrich diz que o montaigne
não usa a palavra *ensaio*
como categoria literária
e sim como *método*

*

No caso de Marília Garcia, dispensa-se qualquer declaração sobre seu próprio trabalho quando se trata de investigar *o pensamento do poema*. Pois como se vê nessa série *O poema no tubo de ensaio*, e à diferença de Angélica Freitas, a questão de saber *como pensa o poema* é aberta e diretamente tematizada em seus poemas, tornando-se ela própria matéria compositiva e de elaboração estética. Como sua obra é complexa, multifacetada e já consideravelmente extensa, limitarei meu breve comentário a essa série de poemas presente em seu último livro.

À primeira vista, as diferenças compositivas da poética de Marília Garcia em relação à de Angélica Freitas não poderiam ser mais evidentes: via de regra, Garcia opera com contratos formais muito mais maleáveis e fluídos, necessários a uma arquitetura poética capaz de acomodar um rico repertório de citações, de referências e de experimentações híbridas, sejam elas interartes – paradigmaticamente com a fotografia – ou intergênero – com o ensaio e performance. Suas preocupações temáticas são mais claramente associadas ao universo da cultura intelectual, e o humor e a paródia decididamente não são ferramentas centrais de seu trabalho. Antes, sua dimensão reflexiva consiste mais claramente em trazer para dentro do poema, a partir de um disparador experiencial específico, certo modelo de discursividade *dianoética* com encadeamentos argumentativo-demonstrativos bem marcados e uma radical autorreflexividade (isto é, autocrítica). Isso aproxima o poema de maneira muito evidente do terreno da *teoria*, disparando inclusive questões como as enunciadas nos poemas acima, referentes à *ontologia do poema*: o que é o poema, como ele pensa, quando deixa de ser poema e se converte em teoria.

Embora a filiação poética de Garcia ao pensamento se dê também, portanto, pela via do "conteúdo", da autorreflexividade manifesta, da transplantação ao poema de certos complexos temático-textuais do universo da teoria, não se deve concluir daí que seus procedimentos técnico-formais sejam menos relevantes para o poema enquanto exercício de pensamento. Desse ponto de vista, não parece gratuito que o próprio poema enuncie: "em 2014 publiquei um livro que era um teste / e que conversava com o livro de hocquard / tentei incorporar algumas ferramentas do ensaio para dentro do poema / *será que assim daria para ver* / a carga teórica de um poema?". Dar a ver a carga teórica de um poema: se levarmos os versos a sério, a carga teórica do poema – de qualquer poema – já está lá, já é parte constitutiva dele; faltaria apenas *dar a ver, desnudar, trazer à superfície* essa carga teórica por meio da incorporação das ferramentas do ensaio. E essa incorporação é, ela própria, também de natureza *procedimental*: se seguimos Hugo Friedrich a respeito de Montaigne, como o poema parece seguir, o ensaio nada mais é do que um método, a autoconcessão controlada e reflexiva de parâmetros que darão ao discurso sua própria régua. Pensar, para o poema, não será portanto muito mais do que isso – parte, também aqui, de sua própria *maquinaria*.

IV

Como pensa o poema? Se assentirmos à interpretação esboçada acima das poéticas de Angélica Freitas e Marília Garcia e procurarmos fazer sentido da hipótese de que *o poema pensa pelos seus procedimentos* – ou, dito de outro modo, a hipótese de que, *no poema, são os procedimentos que pensam* –, então deveremos, em primeiro lugar, fazer uma afirmação aparentemente contraintuitiva: o que há de pensamento no poema não é tanto, digamos, sua dimensão *externamente logopeica*, como a elaboração conceitual explícita que ele propõe, as "teses" (com muitas aspas) que ele possa parecer enunciar mais ou menos diretamente, ou determinada "visão de mundo" tendencialmente filosófica que ele possa aparentemente incorporar. Em outros termos, o que pensa no poema não é tanto o *corpo doutrinal* que ele possa sustentar, ou a *ontologia implícita* (Badiou) que se possa eventualmente depreender de um poeta filosofante como, digamos, Alberto Caeiro. Desse ponto de vista, é problemático o próprio sentido de "sustentar uma tese", de construir um "encadeamento argumentativo-dedutivo" ou de "ter uma ontologia implícita" quando se trata de poesia – ou, brincando com as tiradas de Blanchot e Piglia que utilizei como epígrafe, um pensamento filosófico abstrato só pode ser formulado em uma peça literária à condição de ainda não ser inteiramente pensamento, ou de parecer falso.

Mas, se assim é, o que significa dizer então que *os procedimentos pensam*? Como fazer sentido dessa afirmação? Creio que é possível elencar dois modelos teóricos que procuram tornar essa hipótese consistente, que desenvolverei rapidamente nos minutos que me restam. Chamarei-os de modelo *transcendente* e *imanente*.

O modelo transcendente foi amplamente desenvolvido no século XX por vários autores de expressão alemã, particularmente por Lukács e Adorno. Ele consiste em afirmar que é efetivamente nos procedimentos técnico-formais que reside a dimensão de pensamento ou de racionalidade estética do poema, mas sobretudo na medida em que esses procedimentos conectam-se a, expressam ou refletem algo que se encontra *fora* deles. Paradigmaticamente, esse elemento exterior é compreendido como a sociedade, a história, o Espírito ou qualquer outra instância de inteligibilidade supraindividual análoga. Bem entendido, isso não significa dizer que os poemas não conservam sua autonomia *enquanto construto estético* em face desse elemento que lhe é exterior – mas a racionalidade ou o pensamento da obra se desvela na medida em que se pode reportar, *na radical imanência da obra, a forma estética e seus procedimentos a essa exterioridade*. Adorno, por exemplo, procurou desenvolver uma sofisticada doutrina segundo a qual haveria um *paralelismo estrutural* entre os construtos estéticos apreendidos em sua pura imânencia técnico-formal e a sociedade, de tal maneira que os problemas formais e de composição de um poema, por exemplo, nada mais seriam do que a *tradu-*

ção intraestética de contradições sociais estruturantes. Assim, ao lidar com esses problemas formais intraestéticos, o poeta estaria lidando mediatamente também com os problemas sociais – de tal maneira que cada obra de arte poderia ser comparada a nada mais nada menos do que a uma *teoria* (social). Caberia à crítica revelar esse paralelismo estrutural e explicitar o *pensamento* e a *teoria* sedimentado nos procedimentos.

O modelo imanente é mais difundido nas estéticas contemporâneas francesas, tendo sua versão mais radical, segundo me parece, no pensamento de Alain Badiou. Trata-se de sustentar que os diferentes procedimentos técnico-formais – que o autor chama de *configurações artísticas* – são acontecimentos inaugurais, verdadeiras invenções estéticas de que cada obra ou poema individual que se vale desse procedimento é apenas uma instanciação singular. Em outros termos, cada poema, ao servir-se de determinado procedimento em sua arquitetura composicional, nada mais é do que uma atualização singular ou, nos termos de Badiou, do que *um sujeito do procedimento*; assim, são os procedimentos, e apenas os procedimentos que se pensam a si mesmos *como possibilidades compositivas através das obras* – testando seus próprios limites, sua extensão, seu potencial estético. O pensamento que eles expressam é singular e imanente a eles próprios. Cabe à crítica ou à filosofia apenas reconhecê-los e concebê-los como pensamentos *sui generis*, que podem inclusive ocasionar efeitos intrateóricos sobre a própria filosofia.

Embora não pense, por fim, que eles sejam equivalentes, creio que ambos os modelos guardam sua atualidade e sua validade quando se trata de investigar o poema como exercício de pensamento. Se é verdade que o modelo transcendente é capaz de munir a crítica com maior discursividade e capacidade de articulação (com a teoria social e outras disciplinas), o modelo imanente tem a imensa virtude da economia de pressupostos. O crítico deverá pesar o ganho de cada modelo a depender de seus compromissos estéticos específicos.

Notas

1 Valho-me aqui da interpretação de Alain Badiou da filosofia de Platão: "A oposição fundadora [entre poesia e filosofia] é, na verdade, a seguinte: a filosofia só pode começar (...) se ela substituir a autoridade do poema pela autoridade do matema. (...) O poema permanece submetido à imagem, à singularidade imediata da experiência, ao passo que o matema toma seu ponto de partida da Ideia pura e, então, só confia na dedução. De modo que o poema entretém com a experiência uma ligação impura, que expõe a língua aos limites da sensação. Desse ponto de vista, *é sempre duvidoso que haja realmente um pensamento do poema, ou que o poema pense*. E o que é, para Platão, um pensamento duvidoso, um pensamento indiscernível do não-pensamento? É a sofística. É possível que o poema seja, na verdade, o cúmplice capital da sofística". Badiou, A. *Que pense le poème*, Nous, 2016, p. 64.

2 Entrevista ao canal Bondelê. 29 de setembro de 2017.

3 "(...) pela repetição, por fim, a maquinaria do poema se revela ao leitor, num processo de desnudamento da operação poética que acentua, ainda mais, o seu caráter crítico, posto que distancia o leitor de qualquer apreciação desatenta e leve desses textos. Eles são artifícios, antipoesia, peças sem qualquer confissão sentimental ou desejo de enlevo: preferem, ao contrário, o desconforto e a reflexão". Escamandro, *Xanto*.

4 "A verdadeira refutação deve penetrar na potência do opositor e se posicionar no âmbito de suas forças; atacá-lo do exterior e ter razão ali não adianta", Hegel, *Wissenschaft der Logik*, Ed. Glockner, 1928, p. 11.

Histórias a contrapelo

O si mesmo como outro: três interpretações das figurações do self na poesia de Shakespeare

Luiza Larangeira da Silva Mello

Não se espera que os críticos, como acontece com os poetas, sejam obrigados a ajudar-nos a dar sentido às nossas vidas; estão meramente sujeitos a tentar a proeza menor de dar sentido aos meios com que nos esforçamos por dar sentido à nossa vida.
[Frank Kermode, *The sense of an ending*]

A epígrafe acima foi retirada da abertura do livro *The sense of an ending*, do crítico literário inglês Frank Kermode. Remeto-me à essa frase de Kermode, pois ela me permite definir os objetivos deste ensaio. Eu não pretendo, como fazem os poetas, dar sentido à vida. Também não pretendo, como fazem os críticos literários, dedicar-me à proeza menor de dar sentido à forma como os poetas dão sentido a vida. Meu objetivo neste texto será bem mais modesto. Minha intenção é apenas conferir algum sentido às formas como críticos literários e antropólogos buscaram atribuir sentido às formas como o poeta William Shakespeare deu sentido à vida. Mais especificamente, meu objetivo é analisar três interpretações da obra de Shakespeare, produzidas entre 1970 e 1980, que se interessam por um aspecto específico: o modo como nela se figura a tensão entre o "eu" e o "si mesmo", ou, dito de outro modo, o modo como nela se figuram as tensões constitutivas do *self*. Essas interpretações foram produzidas por Lionel Trilling, em seu livro *Sinceridade e Autenticidade*, de

1972; por Ricardo Benzaquen de Araujo e Eduardo Viveiros de Castro, no ensaio "Romeu e Julieta e a origem do Estado", de 1977; e por Stephen Greenblatt, em seu livro *Renaissance Self-fashioning*, de 1980.[1]

O que têm em comum essas três interpretações da obra de Shakespeare? E o que me leva a propor sua análise conjunta? Em primeiro lugar, elas propõem leituras da obra de Shakespeare que levam em conta sua historicidade. E fazem-no a partir de uma autocrítica em relação a pressupostos teóricos e metodológicos das disciplinas nas quais se inserem, problematizando e desnaturalizando algumas categorias heurísticas centrais para essas disciplinas. Desde o começo da década de 1940, Trilling propunha uma interpretação de obras literárias que levasse em conta sua historicidade, contestando abertamente a posição de críticos literários ligados ao *New Criticism*. Benzaquen e Viveiros de Castro, no ensaio que analisarei, criticam a tradição funcionalista da antropologia, sobretudo certos aspectos da obra de Readcliffe-Brown e aproximam-se de Louis Dumont e sua historicização da noção ocidental de indivíduo. Greenblatt, por sua vez, apropria-se da noção de cultura do antropólogo americano Clifford Geertz, para argumentar em favor da ideia de uma circulação de energia social entre obras literárias e outros aspectos de uma determinada cultura.

Além disso, as três interpretações de Shakespeare em questão afinam-se com a proposição de Marcel Mauss de que a noção de pessoa não se converte na categoria do "eu", como ser psicológico associado à ideia de uma consciência individual, antes do século XVIII, com o aparecimento das obras magistrais de Kant e Fichte (cf. Mauss, 2015).[2] Sua arqueologia das noções modernas de eu, pessoa e indivíduo leva-os à virada do século XVI para o XVII, à poesia de Shakespeare, em que eles encontram figurações poéticas de tensões e paradoxos constitutivos do *self*. Em outras palavras, os três textos partem do pressuposto e chegam à conclusão de que o indivíduo como valor – associado, de um lado, a categorias universalizantes como igualdade e liberdade, e, de outro, a categorias particularizantes como subjetividade, interioridade, e personalidade –, longe de constituir uma noção universal, antropológica, meta- ou trans-histórica, ou ainda infra-sociológica, é uma categoria nativa da cultura ocidental moderna, que se afirma a partir do século XVIII e cuja arqueologia nos remete aos primeiros séculos do que se convencionou chamar a época moderna no Ocidente.

Trilling chama a atenção para o fato de que a própria substantivação do elemento reflexivo nos pronomes *myself, yourself, his/herself*, ou seja, a criação do substantivo *self*, "*the self*", coincide com o momento em que o ser humano começa a se pensar como indivíduo, na época moderna: "em certo momento da história, os homens tornaram-se indivíduos" (Trilling, 2014, p. 35). E mais adiante:

> Então ele começa a usar a palavra *self* não somente como um reflexivo ou intensivo, mas também como um substantivo autônomo que remete, segundo o *Oxford English Dictionary*, "àquilo [...] que alguém é intrinsecamente *ele* (em contraposição ao que lhe é adventício)" – como aquilo, enfim, que deve ser cultivado pelo que é revelado ao mundo pelo bem da boa-fé. (Ibidem, p. 37)

A interpretação de Trilling da poesia de Shakespeare, assim com os dos outros três autores com quem estou lidando, desenvolve-se a partir da ideia de que essa substantivação do *self* apresenta duas consequências importantes para a construção da noção moderna de pessoa. Em primeiro lugar, a substantivação do *self* está na base da construção da noção de *self* como substância, que vai se desenvolver nas noções de subjetividade, personalidade e consciência. Além disso, o substantivo *self* carrega em seu sentido a dimensão reflexiva de sua origem pronominal. E o caráter reflexivo *self* aponta para uma tensão interna, às vezes mesmo uma cisão no "eu". Essa cisão é a marca de uma *identidade imperfeita* entre o "eu" e o "si mesmo".

Essa identidade imperfeita parece-me ter-se convertido em um *topos* da poesia shakespeareana. Um *topos* que apresenta pequenas variações quando mobilizado por diferentes personagens de suas peças. Ricardo III diz: "eu sou eu" [*I am I*] (*Ricardo III*, 5.2). Julieta diz: "Eu não sou eu" [*I am not I*] (*Romeu e Julieta*, 3.2). Iago diz: "Eu não sou o que sou" [*I am not what I am*] (*Otelo*, 1.1). Hamlet diz: "Ser ou não ser" [*To be or not to be*] (*Hamlet*, 3.1). Há muitas outras variações dessa fórmula na poesia de Shakespeare. Apontem elas para a identidade entre o "eu" e o si mesmo – "eu sou eu" – ou para falta de identidade – "eu não sou eu" – elas deixam entrever a brecha constitutiva do *self*. E é a essa brecha que procuram dar sentido as três interpretações da poesia de Shakespeare que quero analisar.

Os textos de Trilling, Greenblatt e Benzaquen e Viveiros de Castro constroem-se sobre um paradoxo fundamental. De um lado, suas interpretações da obra de Shakespeare são resultado de uma arqueologia da noção moderna de *self*, um *self* substantivado e substancializado, unificado e idêntico a si mesmo. De outro, essas mesmas interpretações apontam para a figuração, na obra do poeta inglês, de um *self* esvaziado de uma substância identitária definida, um *self* caracterizado por um certo desencontro entre o "eu" e o "si mesmo".

Para compreender melhor a construção desse paradoxo e seus significados, nos três textos em questão, é preciso, antes de tudo examinar de forma mais cuidadosa as três interpretações da obra de Shakespeare por eles propostas. Vamos, então a elas.[3]

"Sê a ti próprio fiel"

Em *Sinceridade e Autenticidade*, Lionel Trilling argumenta que, no início da época moderna, surge na cultura ocidental um elemento novo, uma nova noção associada à vida moral, que vai ser figurada de forma cada vez mais recorrente na literatura: a noção de sinceridade. E é na poesia de Shakespeare que essa noção aparece, a princípio, tematizada de forma mais nítida. Embora ela esteja presente na maior parte da obra do dramaturgo inglês, em *Hamlet*, a sinceridade surge como tema central. A própria definição de sinceridade oferecida por Trilling é formulada a partir da análise dos versos em que Polônio oferece alguns conselhos paternos a Laertes, que está de partida para Paris:

> This above all: to thine own self be true
> And it doth follow, as night the day
> Thou canst not then be false to any man.
> (*Hamlet*, I.3, 78-80)
>
> [Mas, sobretudo, sê a ti próprio fiel
> Segue-se disso, como o dia à noite,
> Que a ninguém poderás jamais ser falso.]
> (Shakespeare *apud* Trilling, 2014, p. 15)

Trilling argumenta que a noção de sinceridade está implicitamente presente nesses versos, no sentido de uma dupla congruência: a congruência entre o "eu" e o "si mesmo" ("sê a ti próprio fiel") e a congruência entre o que uma pessoa realmente é e aquilo que esse professa ser para outrem ("a ninguém poderás jamais ser falso"). A própria *exigência* de congruência colocada pela noção de sinceridade aponta para a possibilidade da *falta* de congruência não apenas entre o "ser" e o "parecer" como também entre o "eu" e o "si mesmo". Em outras palavras, ao fundar-se sobre o imperativo de um *self* unificado, absolutamente idêntico a si mesmo, a sinceridade revela uma cisão no *self*, a quebra da identidade perfeita entre o "eu" e o "si mesmo". Mais ainda: a congruência exigida pela sinceridade cria a possibilidade do "si mesmo" ser pensado como um "outro".

"Sê a ti próprio fiel". Mas quem é esse "si mesmo" em relação ao qual o "eu" deve ser verdadeiro? Segundo Trilling, essa questão não chega nem mesmo formulada na obra de Shakespeare. Ela surgirá – e algumas tentativas de resposta serão oferecidas –, nos séculos XVIII e XIX, como um aspecto importante da tradição literária romântica. Schiller, em suas *Cartas sobre a educação estética do homem*, sugerirá que a substância desse "si mesmo" a quem o "eu" deve ser fiel ou, em suas palavras, com quem ele "deve se harmonizar" é uma espécie de "homem ideal", "o arquétipo de um ser humano", uma "unidade imutável" (apud Trilling, 2014, p. 16). Nesse caso, sinceridade implica uma congruência entre o que alguém realmente é e o que esse alguém deve ser de acordo com os valores culturais compartilhados por uma sociedade específica, mesmo que esses valores sejam considerados universais. Aqui está já desenvolvida a ideia de um *self* substancializado, cuja substância confere, simultaneamente, a identidade singular de um indivíduo particular – ou seja, sua *personalidade*, localizada em sua *interioridade* – e aquilo que o identifica com – e o torna igual a – todos os outros indivíduos da espécie humana. Trata-se do paradoxo da noção moderna de indivíduo, que George Simmel formula magnificamente, quando afirma que "os conteúdos e formas de vida os mais amplos e universais estão intimamente ligados com os mais individuais" (Simmel, 2005, p. 585).

Esse paradoxo, no entanto, não aparece na poesia de Shakespeare. Nos versos de *Hamlet* citados acima, a pergunta "quem é esse *si mesmo* com o qual o *eu* deve ser verdadeiro?" não conduz à definição de uma substância do *self*, senão ao imperativo da congruência, da harmonia entre *ser* e *parecer*, entre aquilo que se é para si e aquilo que se é para os outros. Para não ser falso com os outros, diz Polônio a Laertes, é antes necessário ser verdadeiro consigo mesmo. Mas essa fórmula é circular: para ser verdadeiro consigo mesmo é preciso são ser falso com os outros, é preciso harmonizar ser e parecer. Essa circularidade não é absolutamente evidente se lemos os conselhos de Polônio isoladamente. Ela é, no entanto, preparada pelos famosos versos da segunda cena do primeiro ato, em que Hamlet diz à mãe: "I know not 'seems'" – eu não conheço o *parece*, na tradução de Millôr Fernandes (Shakespeare, 2013, p. 21). A questão das aparências, das possíveis incongruências entre ser e parecer é, aliás, recorrente ao longo de toda peça. "O quão imerso *Hamlet* está no tema da sinceridade", diz Trilling, "é parte da leitura que todos fazem da peça" (Trilling, 2014, p. 14).

Para Trilling a noção de sinceridade teria surgido no século XVI, em um momento de aumento significativo da mobilidade social, um momento em que o dinheiro passa a ter um papel central na constituição de uma sociedade mais flexível, mais fluida – com isso ele não quer dizer de modo algum mais igualitária, mas uma sociedade em que se tornou relativamente possível às pessoas moverem-se na escala social, através do dinheiro, ainda que com muitas limitações.

> Por mais impressionante que essa nova mobilidade social fosse se comparada com aquela que se verificara no passado, do ponto de vista atual ela não parece ter sido tão adequada aos novos anseios da sociedade. O princípio das revoluções de Tocqueville se faz aqui pertinente, recordando que à medida que a satisfação dos anseios sociais se torna possível, a impaciência causada pelos obstáculos que a impedem aumenta. (Ibidem, p. 26)

Nesse tipo de sociedade, extremamente hierarquizada e ao mesmo tempo relativamente flexível, uma ênfase muito grande é colocada nas *aparências*, e com essa ênfase alguns temas se tornam centrais na literatura: hipocrisia, dissimulação, esnobismo, classe social e sinceridade. Nesse contexto, surge a figura do vilão, muitas vezes associado a um personagem dissimulado e hipócrita, que oculta suas verdadeiras intenções para alcançar seus fins. Trilling:

> A palavra "vilão", tal qual usada no teatro, não carrega necessariamente o sentido da dissimulação: é possível que um vilão não oculte sua iniquidade com o logro, isto é, que torne manifesta sua intenção de prejudicar. Não obstante, o fato de apenas Iago ter sido denominado "vilão" na lista das *dramatis personae* do First Folio sugere que o vilão é, em sua existência característica, um dissimulador; sua natureza má é evidente ao público, mas oculta àqueles com quem ele divide o palco. (Ibidem, p. 25)

E mais adiante:

> O sentido social original da palavra vilão exerce influência decisiva sobre seu sentido moral posterior. Esse termo ultrajante se aplica ao homem que vivia na posição mais baixa da escala feudal; o vilão das peças e romances é tipicamente alguém que deseja ir além da condição em que

nasceu. Ele não é o que é: podemos afirmá-lo porque sua intenção nega e viola sua identidade social e porque só lhe é possível alcançar esse objetivo inatural por meio de atos velados, pela fraude. Pela natureza mesma de sua condição, ele é um hipócrita, isto é, alguém que interpreta um papel. É bem relevante que, no personagem de Iago, sejam manifestos tanto o ressentimento que ele nutre contra a situação de sua classe quanto o seu desejo de aprimorá-la. (Trilling, 2014, p. 27)

"Ele não é o que é". Trilling refere-se, implicitamente, a um dos versos de *Otelo*, em que Iago declara "I am not what I am" ["Eu não sou o que sou"]. Trilling não desenvolve, para além desse comentário, uma interpretação da peça. Mas, se seguirmos a lógica de seu argumento para produzir nossa própria interpretação da insinceridade de Iago, precisamos ler com cuidado os famosos versos do primeiro ato da peça de Shakespeare, em que Iago diz a Roderigo, referindo-se a Otelo:

In following him, I follow but myself.
Haven is my judge, not I for love and duty,
But seeming so, for my peculiar end.
For when my outward action doth
Demonstrate
The native act and figure of my heart
In compliment extern, 'tis not long after
But I will wear my heart upon my sleeve
For daws to peck at. I am nor what I am.
(Otelo, I.1, 58-66)

[Se eu o sigo, na verdade sigo a mim mesmo.
E o céu sabe, não é amor, não é dever,
E se parece ser, é em prol dos meus intuitos.
Pois, se as minhas ações exteriores mostrarem
Meus atos inatos, meu vero coração,

> Exposto à clara luz, vai ser rápido até
> Que eu entregue às gralhas meu coração desnudo,
> Pra que o espicacem. Eu não sou o que sou.]
> (Shakespeare, 2017, p. 137)

"Eu não sou o que sou". Essa é, talvez, a mais explícita declaração de insinceridade na poesia de Shakespeare. Iago não é o que é, pois *parece* seguir Otelo, quando na verdade segue apenas a si mesmo. Não o segue por amor e dever, não o segue verdadeiramente, em seu coração, mas apenas para servir a seus próprios interesses. Esse "parecer" é, no entanto, fundamental para que Iago alcance seus propósitos, pois caso revelasse aquilo que guarda em seu coração, suas intenções verdadeiras, seria destroçado. Iago precisa *não ser* aquilo que ele é, ou, por outra, precisa parecer aquilo que ele não é, para poder seguir a si mesmo, para ser verdadeiro consigo mesmo. Há, aqui, ao mesmo tempo, uma reafirmação da injunção de Polônio – "sê fiel a próprio" – e uma inversão de seu significado. No conselho de Polônio, o "ser fiel a si mesmo" é condição para que não se seja falso com outrem. No solilóquio de Iago, são enunciadas duas condições para que ele possa ser verdadeiro consigo mesmo: ser falso com Otelo e, entretanto, parecer verdadeiro.

"Eu não sou o que sou". Se seguirmos a lógica interpretativa de Trilling, podemos dizer que o que está no centro da afirmação de Iago é a questão da sinceridade sob a forma de seu avesso, a hipocrisia, a dissimulação. Quando Iago diz "eu não sou o que sou", ele quer dizer "eu não sou o que pareço ser". Mas poderíamos também interpretar a afirmação de Iago como a possibilidade, inédita na modernidade nascente, de uma pessoa *não* fundar sua identidade no grupo social – família, comunidade religiosa, ofício, estamento etc. – em que nasceu. Fundá-la, então, em quê? Se Iago afasta-se, até certo ponto, do modo típico de construção identitária da Europa medieval, que resultava em uma identidade pessoal heterodirigida, construiria ele uma identidade pessoal autodirigida, dirigida para "si mesmo"? Se sim, em que consistiria esse "si mesmo", qual substância o formaria? Trilling não responde a essas perguntas. Em grande medida, porque a resposta não pode ser encontrada na poesia de Shakespeare. Assim como o "sê fiel a ti mesmo" de Polônio não revela um "si mesmo" substancializado, mas retira seu significado da necessidade de "jamais ser falso" com ninguém, o "eu não sou o que sou" de Iago retira seu significado não da substância que constitui o *self* de Iago, mas do fato de que ele é falso – e dissimula sua falsidade – em relação a Otelo. Trilling, em sua investigação da formação da noção de sinceridade, não desenvolve a questão da circularidade entre "ser" e "parecer" para além deste ponto. Se quisermos avançar na busca de uma resposta para a pergunta sobre a natureza desse "si mesmo" que se oculta sob aquilo que Iago parece ser, devemos recorrer à interpretação de Stephen Greenblatt da peça de Shakespeare.

"Eu não sou o que sou"

A questão das aparências, que se desenvolve a partir das tensões inerentes ao *self*, é também central para a leitura que Stephen Greenblatt faz de *Otelo*, no último capítulo do livro *Renaissance self-fashioning*. Como Trilling, Greenblatt busca compreender a circularidade entre ser e parecer a partir da dialética entre aumento da liberdade individual e repressão a essa liberdade:

> [...] há no início da modernidade nascente uma mudança nas estruturas intelectuais, sociais, psicológicas e estéticas

> que governam a produção de identidades. Essa mudança é difícil de caracterizar nas nossas formas habituais, porque ela é não apenas complexa, mas decididamente dialética. Se dizemos que há uma nova ênfase no poder executivo da vontade [*will*], devemos dizer que há uma contínua e implacável investida contra a vontade [*will*]; se dizemos que há uma nova mobilidade social, devemos dizer que há uma nova afirmação de poder tanto pela família quanto pelo Estado para determinar todos os movimentos dentro da sociedade; se dizemos que há uma consciência aumentada de modos alternativos de organização social, teológica e psicológica, devemos dizer que há um novo compromisso com a imposição de controle sobre esses modos e em última análise com a destruição de alternativas. (Greenblatt, 2005, p. 1-2)[4]

O argumento de Greenblatt é bastante próximo ao de Trilling, mas se desenvolve não a partir da questão da emergência da sinceridade na modernidade nascente, senão do conceito de *self-fashioning* (automodelagem). Greenblatt argumenta que há, no século XVI, uma intensificação da consciência de que o *self* pode ser construído, de que a identidade pessoal pode ser modelada – e, até mesmo, manipulada. Mais ainda: a modelagem do *self* se dá, para Greenblatt, através da linguagem, ou melhor, se dá *na* própria linguagem; na construção do *self* como uma narrativa.

Uma das formas de modelagem do *self*, forjada na Época Moderna, tem como base a relação empática entre um "eu" e um "outro". A empatia é, em linhas gerais, a capacidade ou habilidade da faculdade imaginativa que permite ao sujeito colocar-se no lugar de outrem.[5] Ela é responsável por uma maleabilidade fundamentada em um movimento de transcendência centrífuga, de uma abertura do *self* para fora, para o outro. Isso somente é possível na medida em que o indivíduo empático concebe a si mesmo e ao outro como uma narrativa; na medida em que transforma suas histórias individuais em narrativas e, dessa forma, pode apreender a si e ao outro como totalidades.

Para Greenblatt, Shakespeare foi um dos poetas renascentistas que representou com maior acuidade o poder de manipulação conferido pela habilidade empática. Esta habilidade e este poder, por certo, não estão presentes em todos os seus personagens. Mas esta desigualdade é justamente o que permite a manipulação de uns pelos outros. São estes traços que permitem a Iago conduzir a trama para um fim trágico. Iago possui uma capacidade empática altamente desenvolvida. No entanto, como um bom vilão, ele precisa dissimular essa capacidade. Ele deve *ser* empático sem *parecer* empático. Mas, o que permite a Iago converter sua empatia na capacidade de manipular os outros é o fato de que ele concebe o seu próprio *self* e o de todos os que estão a sua volta como narrativas. A empatia permite-lhe apreender e reescrever a narrativa que constitui o *self* alheio utilizando seus elementos constitutivos. "Iago sabe", argumenta Greenblatt, "que uma identidade que foi modelada como uma história pode ser 'des' modelada, remodelada, inscrita novamente em uma nova narrativa" (Ibidem, p. 238). Seguindo a própria lógica da narrativa – a lógica da *mímesis* aristotélica – Iago é capaz de persuadir os outros adulterando os fatos, desde que a sua própria narrativa adulterada seja verossímil. "Ele não precisa de uma compreensão profunda ou mesmo razoavelmente precisa de suas vítimas", sugere Greenblatt, "ele prefere lidar com impossibilidades prováveis do que com improváveis possibilidades" (Ibidem, p. 234). Em seu próprio discurso, Iago utiliza metáforas narrativas, quando manipula os personagens à sua volta. Na primeira cena do segundo ato, ao tentar convencer Roderigo de que Desdêmona está apaixonada por Cássio, Iago afirma:

> IAGO – Didst thou not see her paddle with the palm of his hand? Didst not mark that?
> RODERIGO – Yes, that I did: but that was but courtesy.
> IAGO – Lechery, by this hand: an index and obscure prologue to the history of lust and foul thoughts.
> (Otelo, II.1, 251-255)

> [IAGO – Não viste como ela brincava com a mão dele? Não observaste isso?
> RODERIGO – Vi, sem dúvida; mas era por pura cortesia.
> IAGO – Lascívia, por esta mão! Índice e prólogo obscuro de uma história de luxúria e de pensamentos libidinosos]
> (Shakespeare, 2017, p. 170)

"Por esta mão"! Iago reescreve a narrativa das relações entre Desdêmona e Cássio e transforma o que a Roderigo parece um gesto inocente, em "índice e prólogo" de uma história de adultério. História de cuja veracidade tentará, um pouco adiante, convencer Otelo. Mas por que Otelo se deixa convencer tão facilmente? Greenblatt oferece algumas respostas a essa pergunta. Para nossos propósitos, entretanto, a mais interessante é a de que Otelo concebe a si próprio como uma narrativa:

> Her father loved me, oft invited me,
> Still questioned me the story of my life
> From year to year – the battles, sieges, fortunes
> That I have passed.
> I ran it through, even from my boyisg days

To th'very moment that he bade me to tell it:
[...]
... This to hear
Would Desdemona seriously incline
But still the house affairs would draw her thence,
Which ever as she could with hast dispatch
She'd come again, and with greedy ear,
Devour up my discourse ...
(Otelo, I.3, p. 127-149)

[Seu pai me tinha em
Grande estima, me convidava com frequência,
Sempre querendo saber sobre minha vida
O que eu havia vivido, ano a ano, os cercos,
As batalhas, os reveses.
Eu tudo narrei, desde os tempos de menino
Até o instante que ele pediu que eu lhes contasse.
[...]
...Para ouvir essas coisas,
Desdêmona se inclinava compenetrada,
Mas o afazer de casa a chamava outra vez.
Mesmo assim, tão logo ficasse livre, vinha
Rápido de volta, e com ouvidos sedentos
Bebia minha fala...]
(Shakespeare, 2017, p. 151-152)

Enquanto Desdêmona devora o discurso de Otelo, Iago o reescreve. E isso apenas lhe é possível, na medida em que, como ele próprio, Otelo concebe sua identidade pessoal como uma narrativa. Trilling diria que as narrativas que constituem as identidades pessoais de ambos os personagens podem ser associadas a suas histórias de ascensão social. Otelo é um mouro que se converteu ao cristianismo e se tornou um grande general. Ele está ligado a uma das poucas "profissões honráveis que [podiam] servir aos ambiciosos como meios de progresso social" (Trilling, 2014, p. 27), na Europa da modernidade nascente. Otelo ascende honestamente, o que também significa que ascende sinceramente. Iago, em contrapartida, lança mão de "tramas", "conspirações", e "bajulação enquanto forma de agrado e progresso pessoal" (Ibidem).

Até aqui, os argumentos de Trilling e Greenblatt parecem convergir perfeitamente. "Eu não sou o que sou", diz Iago. Iago não é o que é, pois bajula, conspira, trama; pois *parece* amar o mouro, quando, em "seu vero coração", o odeia. Mas, neste ponto, Greenblatt introduz um elemento novo e dá mais uma volta no parafuso de sua interpretação da peça de Shakespeare. Ele argumenta que se as conspirações de Iago servem para manipular, reescrever, *tramar* novamente a narrativa que constitui a identidade de Otelo, elas têm como consequência o esvaziamento da identidade do próprio Iago. Em outras palavras, a empatia de Iago em relação a Otelo tem como consequência o esvaziamento do *self* de Iago.

Greenblatt nos chama atenção para o fato de que, a todo o momento, Iago promete compartilhar com Roderigo ou com a plateia narrativas que revelem seus "atos inatos", seu "vero coração" ["the native act and figure of my heart"]. Essa revelação é, no entanto, frustrada por uma nova narrativa que contém a mesma promessa e assim por diante. Greenblatt não questiona a interpretação mais corriqueira de que, ao afirmar "eu não sou o que sou", Iago declara sua hipocrisia, sua insinceridade; declara que seu amor e submissão a Otelo não passam de mera aparência e que, em seu coração, ama e se submete apenas a si mesmo, a seus próprios interesses. Mas, sugere também uma outra interpretação, que complementa a primeira: os verdadeiros motivos e intenções de Iago nunca vêm à luz plenamente porque a lógica que regula suas ações é menos uma lógica de motivos e intenções e mais a lógica da própria narrativa. Não há nada que possa ser revelado "por trás" da narrativa insincera de Iago: o *self* de Iago constitui-se de camadas de narrativas insinceras. "Eu não sou o que sou" é a própria substância que forma o *self* de Iago e essa substância é de natureza narrativa. Iago não existe *fora* ou *por trás* da linguagem.

O argumento de Greenblatt parece, entretanto, contradizer minha afirmação inicial de que a poesia de Shakespeare pode ser o ponto de chegada de uma arqueologia do *self* moderno, substantivado e substancializado – que é ao mesmo tempo um *self* cindido, marcado pela tensão entre o "eu" e o "si mesmo". O que Greenblatt encontra, ao examinar a cisão que marca o *self* de Iago, não é nenhum tipo de substância – menos ainda algo que possa ser definido como uma proto-subjetividade ou uma proto-personalidade, um embrionário eu psicológico –, mas, ao contrário, um vazio. A insinceridade de Iago é uma máscara sob a qual não há nada.

"Call me but love"

Acompanhando as interpretações de Trilling e Greenblatt da poesia de Shakespeare, chegamos a um paradoxo: a dialética entre o aumento da mobilidade social e a explicitação das barreiras a essa mobilidade – ou, por outra, a dialética entre o aumento da liberdade pessoal na definição de sua identidade pessoal, e social, e a repressão a essa liberdade – permitiriam uma compreensão histórica do poder de manipulação de um personagem como Iago. Embora sirva a Otelo exteriormente, Iago declara – para a plateia e para Roderigo – que serve apenas a si mesmo. Esse "si mesmo" está, portanto, em tensão e mesmo em oposição àquilo que Iago parece ser.

Oposição que se desdobra em uma outra: entre os atos e palavras visíveis aos demais personagens – *exteriores* – e seus "atos inatos", "seu vero coração" [*the native act and figure of my heart*] – *interiores.*[6] Os versos de Shakespeare sugerem que são esses últimos os verdadeiros atos de Iago, aqueles que habitam um espaço de interioridade, o coração, e, assim, confundem-se com o "si mesmo" com o qual Iago é verdadeiro, ao qual é fiel. Mas, como vimos com Greenblatt, se investigarmos a interioridade de Iago, não encontraremos a substância que constitui esse "si mesmo", senão um vazio, encoberto por camadas de narrativa que são sempre pura exterioridade.

Esse paradoxo é central para o argumento que Benzaquen e Viveiros de Castro desenvolvem no texto "*Romeu e Julieta* e a origem do Estado". Os autores argumentam que a peça de Shakespeare se converteu em um "mito de origem" do amor e também em um "mito de origem" do indivíduo como valor, do indivíduo cuja identidade pessoal é autocentrada – centrada em uma personalidade, uma psicologia, uma subjetividade.

> a noção de amor elaborada no texto em questão define uma concepção particular das relações entre indivíduo e sociedade, estando subordinada a uma imagem básica da cultura ocidental – a do indivíduo liberto dos laços sociais, não mais derivando sua realidade dos grupos a que pertença, mas em relação direta com um cosmos composto de indivíduos, onde as relações sociais valorizadas são relações interindividuais. O amor [...] é visto como uma relação entre indivíduos, no sentido de seres despidos de qualquer referência ao mundo social, e mesmo contra esse mundo. (Benzaquen de Araújo; Viveiros de Castro, 2019, p. 38)

A noção de indivíduo é, aqui, fundamental. Ao proporem uma interpretação do sentido do amor em *Romeu e Julieta*, Benzaquen e Viveiros de Castro investigam a historicidade dessa noção. Parte de seu propósito é tornar evidente o equívoco de transformar a noção de indivíduo em categoria universal. Segundo os autores, a antropologia social recorrentemente aplicou a distinção entre a dimensão individual do "eu" e a dimensão "social" do "eu" – uma distinção que caracteriza especificamete a noção de *self* do Ocidente moderno – às mais diversas culturas. Nessa divisão entre o individual e o social, os afetos, como o amor e amizade, seriam próprios do "eu" como indivíduo, enquanto os direitos e deveres seriam próprios do "eu" como *persona* social e jurídica:

> o individual *versus* o social, o optativo *versus* o obrigatório, o afeto *versus* o direito etc. E, pior que tudo, esta oposição tende a confundir representações culturalmente determinadas com distinções conceituais universais, confundindo, portanto, a descrição etnográfica com a teorização antropológica – e mesmo com discriminações epistemológicas. (Ibidem, p. 39)

Benzaquen e Viveiros de Castro não apenas argumentam que esse tipo de distinção, nativa da cultura ocidental moderna, não é universal e não pode ser aplicada a toda e qualquer cultura, como o fazem através da arqueologia da noção ocidental moderna de "amor", em *Romeu e Julieta*. Eles sugerem que há uma "íntima conexão entre o amor de Romeu e Julieta e certa concepção de indivíduo" (Ibidem, p. 50). Essa concepção, ocidental e moderna, está estreitamente associada à noção de *self* substantivado, de que viemos tratando com Trilling e Greenblatt, pois o "eu" só pode se conceber como indivíduo, caso esteja em relação com o "si mesmo" que o constitui. O "si mesmo", como vimos, é o que constitui sua interioridade, seus "atos inatos", seu "vero coração". Assim, argumentam Benzaquen e Viveiros de Castro,

> Essa dimensão interna passa a ser a dimensão focal, à qual está subordinada a dimensão externa ou social. "Externa ou social" porque essa é uma equação que deriva necessariamente do modo pelo qual é concebida a dimensão interna: ela é individual, singular, articulando o homem diretamente a uma ordem cósmico-social, dispensando a mediação da sociedade. O indivíduo, nesta concepção, existe, por assim dizer, de dentro para fora (possuindo um núcleo, um *inner-self*). (Ibidem, p. 48)

Voltamos outra vez ao ponto de partida: o que constitui esse *inner-self*, esse "si mesmo" interior a partir do qual o "eu" se relaciona com o mundo social exterior? Para respondermos a essa pergunta devemos nos voltar para o drama de Shakespeare. No início da peça, o que temos não são indivíduos autocentrados, mas pessoas cujas identidades pessoais são heterodirigidas. Em outras palavras, o que temos é um tipo de "relação entre o ser humano e a sociedade, [em que] um processo de penetração dos homens pela sociedade os define como 'homens', isto é, membros de um grupo" (Ibidem). Julieta é uma Capuleto e, portanto, não lhe é permitido amar Romeu, que pertence ao clã inimigo dos Montecchio. O destino, entretanto, intervém para que o casal se apaixone. O amor que une o jovem casal implica, em um primeiro momento, uma perda de identidade social e um movimento de individualização dos jovens amantes. Mas, simultaneamente, implica uma desindividualização de Julieta e Romeu, na medida em que promove a união de dois seres em um único ser, um "indivíduo dual": "a fusão de individualidades é o paradoxo que o amor oferece ao indivíduo moderno" (*Ibidem*, p. 58). Na famosa cena do balcão podemos encontrar essa dialética entre individualização e desindividualização:

> JULIET
> O Romeo, Romeo, wherefore art thou Romeo?
> Deny thy father and refuse thy name.
> Or if thou wilt not, be but sworn my love
> And I'll no longer be a Capulet.
> [...]
> 'Tis but thy name that is my enemy:
> Thou art thyself, though not a Montague.
> What's Montague? It is nor hand nor foot
> Nor arm nor face nor any other part
> Belonging to a man. O be some other name.
> What's in a name? That which we call a rose
> By any other name would smell as sweet;
> So Romeo would, were he not Romeo call'd,
> Retain that dear perfection which he owes
> Without that title. Romeo, doff thy name,
> And for that name, which is no part of thee,
> Take all myself.
>
> ROMEO
> I take thee at thy word.
> Call me but love, and I'll be new baptized.
> Henthforth I never will be Romeo.
> [...]
> By a name
> I know not how to tell thee who I am.
> My name, dear saint, is hatefull to myself,
> Because it is enemy to thee.
> (Romeu e Julieta, II.2, 33-56)

> JULIETA – Romeu, Romeu! Por que razão tu és Romeu? Renega teu pai e abandona esse nome! Ou, se não queres, jura então que me amarás, e eu deixarei de ser Julieta Capuleto!
> [...]
> Em ti só teu nome é que é meu inimigo! Tu não és Montecchio, mas tu mesmo! Afinal, o que é um Montecchio? Não é um pé, nem a mão, nem um braço, nem um rosto. Nada do que compõe um corpo humano. Toma outro nome! Um nome! Mas, que é um nome? Se outro nome tivesse a rosa, em vez de rosa, deixaria por isso de ser perfumosa? Assim também, Romeu, se não fosses Romeu, terias, com outro nome, esses mesmos encantos, tão queridos por mim! Romeu, deixa esse nome, e, em troca dele, que não faz parte de ti, toma-me a mim, que já sou toda tua!
> ROMEU – Farei o Teu desejo de bom grado! Por ti, trocarei seja o que for! Por ti, serei de novo batizado! Não me chames Romeu... mas sim o Amor!
> – Não minha bela, nem Montecchio nem Romeu! Já que meu nome não te agrada, eu não sou eu. (Shakespeare apud Araujo e Viveiros de Castro, 2019, p. 54-55)[7]

Três movimentos ocorrem nessa cena. Primeiro: Romeu deixa de se conceber como um Montechhio e Julieta como uma Capuleto, no momento em que se apaixonam e contrariam o destino de sua identidade social. Trata-se, aqui, da desconstrução de uma identidade heterodirigida e do processo pelo qual Julieta e Romeu se tornam indivíduos autocentrados. "Tu não és Montecchio, mas tu mesmo!", diz Julieta. Poderíamos supor que Romeu deixa de se identificar como Montecchio para se tornar Romeu, para estabelecer uma identidade consigo próprio. Mas, eis que um segundo movimento intervém: Romeu deixa de ser Romeu, no momento em que se une pelo amor à Julieta, formando um "indivíduo dual". Ele não apenas desconstrói sua identidade social como também desconstrói a si mesmo como indivíduo único, singular. Ele desconstrói sua identidade consigo mesmo. Essa desconstrução abre espaço para um terceiro movimento: Romeu deixa de ser ele mesmo para se tornar o "Amor". Os três movimentos não podem, contudo, ser organizados em uma sucessão cronológica, não são consecutivos. Romeu *não* diz: "Eu não sou Montecchio. Eu também não sou Romeu. Eu sou o Amor." Todos esses movimentos de desconstrução e reconstrução identitária, de individualização e desindividualização, ocorrem simultaneamente.

Para Benzaquen e Viveiros de Castro, esses movimentos simultâneos implicam uma desconstrução do caráter heterodirigido das identidades pessoais, típico das sociedades tradicionais – ou, para usar a categoria de Louis Dumont, das culturas holistas (cf. Dumont, 2000)[8]. Essa desconstrução cria as condições de possibilidade para a emergência do indivíduo como valor, o indivíduo centrado em si mesmo. No entanto, que "si mesmo" é esse no qual os indivíduos centram suas identidades pessoais? Esse "si mesmo" não é uma essência, uma substância do "eu", é o Amor, um valor universal.

Os autores nos lembram que, sobretudo a partir do final do século XVIII, esse "si mesmo", localizado no interior do "eu", seu *inner-self*, passou a ser identificado com a sua *personalidade* e associado à sua essência e à sua verdade. A partir de então, a personalidade passa a ser objeto de uma nova disciplina, a psicologia. O problema é que a psicologia,

> tratando a personalidade como a "verdade" (o *inner-self*) do indivíduo, vai evidentemente reificar a categoria. [...] essa noção de personalidade, de mana individual, do ponto

de vista sociológico, pode ser exorcizada: ela não se refere a alguma "coisa" "interna"; ao contrário, aponta para um papel social. O papel social "indivíduo", tão atribuído quanto qualquer outro. (Benzaquen de Araújo; Viveiros de Castro, 2019, p. 67)

A análise de *Romeu e Julieta* torna-se, então, fundamental para esse exorcismo sociológico da noção de personalidade, que Benzaquen e Viveiros de Castro tentam empreender. Se o drama shakespeariano narra a desconstrução de identidades pessoais heterodirigidas, fundadas no pertencimento à família; se ele pode ser considerado o "mito de origem" do indivíduo, em seu sentido ocidental moderno, um indivíduo que funda sua identidade pessoal na relação entre o "eu" e seu "si mesmo" interior, ele se recusa reiteradamente a nos revelar a substância desse "si mesmo".

A interpretação de Benzaquen e Viveiros de Castro de *Romeu e Julieta* complementa, assim, as de Trilling e Greenblatt de *Hamlet* e *Otelo*. Enquanto a análise de Trilling revela as tensões e brechas constitutivas da noção moderna *self*, as análises dos outros três autores mostram que os movimentos de individualização, singularização, subjetivação e interiorização, que acompanham a substantivação do *self* moderno, são inseparáveis do movimento reverso: a dessubstancialização do "eu", um "eu" que se converte em pura narrativa ou em um sentimento abstrato.

Nos três textos, a poesia de Shakespeare aparece não tanto como a origem histórica da moderna noção de pessoa quanto seu *mito de origem*. E como mito de origem ela é capaz de evidenciar o paradoxo constitutivo do *self* substantivado. A ideia de um *self* substantivado supõe a existência de um indivíduo completamente autônomo, livre das amarras sociais, livre, em última instância, da própria cultura. Mas como um indivíduo completamente autônomo de uma modelagem cultural pode ser um eu singular, um eu próprio, um "si mesmo"? Um indivíduo absolutamente autônomo só pode ser um indivíduo universal, igual a todos os outros indivíduos. Como um "eu" universal pode ser, ao mesmo tempo, um "eu" singular? A poesia de Shakespeare constrói a essência desse paradoxo ao nos embalar no pendular movimento do *self*. Por um lado, ela sugere a todo momento a existência de um "si mesmo" interior, com o qual o eu deve ser verdadeiro. Mas a todo momento sugere também, paradoxalmente, que não há nenhuma substância única, interior, com a qual cada "eu" possa se identificar de forma singular. Na busca pela substância do "si mesmo" que constitui o "eu", os três textos conduzem Shakespeare a nos conduzir àquilo que o eu *parece* ser, às narrativas que formam os "eu", a abstrações universalizantes como a noção de amor.

"Um 'eu', uma cultura, uma língua"

Neste ponto, convém nos perguntarmos sobre a historicidade das questões levantadas por Trilling, Greenblatt e Benzaquen e Viveiros de Castro, assim como eles próprios se perguntam sobre a historicidade das figurações do *self* na poesia de Shakespeare. Para começar, eu gostaria de sugerir que, se a obra de Shakespeare pode ser tomada como "mito de origem" da noção ocidental e moderna de pessoa, associada ao indivíduo como valor e a uma noção substantivada de *self*, o período entre 1970 e 1980, quando foram produzidos os três textos que analisamos, constitui o momento culminante de um processo de desconstrução dessa mesma noção. Esse processo inicia-se, segundo o antropólogo americano James Clifford, na virada do século XIX para o século XX, quando começa a se formar a ideia de que o *self* e a identidade pessoal são culturalmente constituídos, culturalmente moldados:

> Dizer que um indivíduo é culturalmente constituído tornou-se um truísmo. [...] Assumimos, quase sem questionamento, que um "eu" pertence a um mundo cultural específico, tanto quanto fala uma língua nativa: um "eu", uma cultura, uma língua. Não quero contestar a dose considerável de verdade contida mesmo numa fórmula tão esquemática; a ideia de que a individualidade está articulada no interior de mundos de significação que são coletivos e limitados não está em questão. Quero, contudo, historicizar a afirmação de que o "eu" é culturalmente constituído, examinando um momento, por volta de 1900, quando esta ideia começou a assumir o sentido que tem hoje. (Clifford, 2014, p. 91)

A ideia de que o *self* é culturalmente constituído está associada às noções antropológica e etnográfica de cultura, ao momento em que "a palavra [cultura] passou a ser usada no plural, sugerindo um mundo com modos de vida separados, distintos e igualmente significativos" (*ibidem*, p. 92). As três interpretações de Shakespeare que analisei assumem essa perspectiva antropológica de cultura e seus respectivos argumentos procuram evidenciar que "o ideal da Europa burguesa de uma individualidade autônoma", "de um sujeito autônomo e cultivado" é o ideal de uma cultura específica, uma construção historicamente localizável, e não "um *télos* para toda humanidade" (*ibidem*).

Entre o momento em que Trilling profere, na Universidade de Harvard, as palestras que deram origem a *Sinceridade* e *Autenticidade*, em 1970, e o momento em que Greenblatt publica seu livro, em 1980, a ideia de que o *self* é culturalmente constituído, a equação mencionada por Clifford, entre o "eu", a "cultura" e a "língua" recebe mais uma volta do parafuso. Ela é reforçada pela concepção semiótica de cultura, desenvolvida pela antropologia hermenêutica do antropólogo norte-americano Clifford Geertz. Em seu livro de 1973, *A interpretação das culturas*, Geertz argumenta que a cultura é uma teia de significados, que os seres humanos atribuem ao mundo, publica e coletivamente – ainda que não sem disputas e conflitos – por meio de signos (significantes). O papel do antropólogo é o de interpretar essa rede simbólica. Mas, interpretar não é decifrar um significado oculto e sim construir, modelar um significado – o sentido original de *fictio* –, o que é análogo ao papel do crítico literário. Embora Geertz seja, nesse momento, uma referência explícita apenas para o texto de Greenblatt – o de Trilling é mesmo anterior a *A interpretação das culturas* – a identidade que ele propõe entre a concepção de interpretação dos antropólogos e dos críticos literários é significativa para os três textos que analisei.

"Um 'eu', uma cultura, uma língua". Podemos argumentar que, se o *self* é constituído culturalmente e se a cultura é uma teia simbólica, o próprio *self* pode ser pensado como um texto, como uma combinação de signos. Vimos que, para Greenblatt, essa ideia é muito mais velha que a concepção antropológica de cultura, ela é tão velha quanto o Iago de Shakespeare. E, embora ela seja formulada explicitamente apenas no texto de Greenblatt, ela subjaz as três interpretações da poesia de Shakespeare que me propus a analisar. Ao proporem uma arqueologia do *self* moderno, substantivado e substancializado, em suas análises da obra do poeta inglês, os três textos não encontram nenhum todo de realidade substancial, apenas teias de significados. Creio que os três textos tomam a poesia de Shakespeare como objeto não apenas porque ela é capaz de revelar, paradigmaticamente, os paradoxos da noção moderna de *self*, mas também porque, ao fazê-lo, ela serve como paradigma para os próprios atos interpretativos dos analistas da cultura.

Notas

1 Trilling e Greenblatt são críticos literários norte-americanos, mas, apesar dessa identidade comum e dos ensaios que analisaremos terem sido publicados com apenas oito anos de distância, eles pertencem a gerações diferentes. Trilling viveu entre 1905 e 1975, e foi professor de literatura na Universidade de Columbia, em Nova York. Greenblatt nasceu em 1943 e está hoje com 76 anos, ativo e produzindo. É professor de literatura inglesa e americana na Universidade de Harvard. Viveiros de Castro e Benzaquen, por sua vez, são cientistas sociais brasileiros, nascidos na década de 1950, ou seja, da mesma geração de Greenblatt, mas sua formação não passa por disciplinas ligadas à literatura e sim pela antropologia e pela história. Viveiros de Castro é, hoje, professor do Programa de Pós-Graduação em Antropologia Social, do Museu Nacional/UFRJ, e Benzaquen, que morreu precocemente em 2017, foi professor da área de sociologia no IUPERJ e do Departamento de História da PUC-Rio.

2 Trata-se do famoso texto *Uma categoria do espírito humano: a noção de pessoa, a de "eu"*, de 1938, em que o sociólogo francês busca traçar um percurso da formação da concepção moderna de pessoa e da categoria do "eu" psicológico, típicos da cultura ocidental moderna. O ensaio de Mauss, embora tenha certo viés evolucionista e teleológico – que o diálogo com Lévy-Bruhl deixa explícito – inova ao apresentar as noções indivíduo autocentrado e de "eu" psicológico como noções de uma cultura histórica específica – a cultura ocidental moderna – e não como noções ou categorias universais. Benzaquen e Viveiros de Castro fazem referência explícita ao ensaio de Mauss, que marca uma inflexão importante na tradição da antropologia social à qual se filiam. Mas creio que não é equivocado dizer que os argumentos de Trilling e Greenblatt apre-

sentam claras afinidades eletivas com o ensaio do sociólogo francês.

3 Cabe, aqui, a ressalva de que estou isolando apenas alguns poucos aspectos dos argumentos produzidos em cada um dos três textos e que uma análise sistemática de cada um requereria a inserção desses aspectos em um argumento bem mais complexo. No entanto, para os propósitos deste ensaio, creio que será suficiente me concentrar apenas no que diz respeito às tensões constitutivas do *self* tal como aparecem na poesia de Shakespeare.

4 As traduções para o português dos trechos citados de *Renaissance self--fashioning* são de minha responsabilidade.

5 Greenblatt lança mão do conceito de "empatia", que o sociólogo Daniel Lerner, no livro *The Passing of Traditional Society*, acredita ser um dos traços distintivos da sensibilidade ocidental moderna. Lerner argumenta que o indivíduo moderno é dotado de uma sensibilidade móvel que lhe confere uma elevada capacidade de adaptação. O elemento-chave desta mobilidade psíquica é a empatia, que pode ser definida pela capacidade de intelectualmente se ter acesso à experiência de uma outra pessoa. Em outras palavras, a empatia é a capacidade de "se colocar no lugar do outro". Lerner compreende a empatia como um traço positivo da modernidade ocidental, o qual denota uma espécie de plasticidade generosa, muito pouco ou quase nada presente nas sociedades tradicionais. Greenblatt concorda com o sociólogo no que se refere ao papel central da empatia na subjetividade, mas diverge de Lerner quanto ao ponto de que a empatia é um traço exclusivamente positivo e desenvolve seu próprio argumento no sentido de sublinhar o poder de manipulação do outro pelo sujeito empático: "Professor Lerner is right to insist that this ability is a characteristically (thou not exclusively) Western mode, present to varying degrees in the classical and medieval world and greatly strengthened from the Renaissance onward; he misleads only in insisting further that it is an act of imaginative generosity, a sympathetic appreciation of the situation of the other fellow. For when he speaks confidently of the 'spread of empathy around the world,' we must understand that he is speaking of Western power, power that is creative as well as destructive, but that is scarcely ever wholly disinterested and benign." (Grennblatt, 2005, p. 227-228)

6 Trinta anos depois da publicação de *Renaissance self-fahioning*, no livro *Will in the World. How Shakespeare became Shakespeare*, Greenblatt defende que uma das peculiaridades da poesia de Shakespere é o modo como ela aperfeiçoa técnicas de representação da interioridade humana de modo a construir uma forma nova (moderna) de representação do "eu": um "eu" centrado em sua interioridade.

7 Eu utilizo, aqui, a tradução de Onnestaldo de Pennafort, publicada pela editora Civilização Brasileira, que é a edição usada pelos autores do ensaio.

8 Em seu artigo "Do indivíduo fora do mundo ao indivíduo no mundo" (2000), Dumont constrói uma tipologia para classificar diferentes formas de individualismo associados a diferentes modos culturais. Segundo Dumont, nas culturas holistas, não há separação entre o mundo social e o cosmos humano. Nelas, o mundo social é profundamente hierarquizado, com grupos de pessoas assumindo posições diferentes na hierarquia social e derivando sua identidade pessoal – bem como seus direitos e deveres – desse pertencimento e dessa posição. Em culturas holistas, como a indiana ou as culturas greco-latinas antigas, ou mesmo o cristianismo em seus primórdios, nem todas as pessoas são consideradas indivíduos e as manifestações de individualismo estão associadas à ideia de *indivíduo-fora-do-mundo*. São considerados indivíduos aquelas pessoas – como os renunciantes indianos ou os filósofos das escolas helênicas, que se distanciam, se opõem ou mesmo renunciam ao mundo social e relativizam os valores consensualmente estabelecidos. Em contrapartida, em culturas individualistas, como a do Ocidente moderno, todas as pessoas são concebidas como indivíduos, são *indivíduos-no-mundo*, e o individualismo é um valor universal. Podemos associar as primeiras àquilo que estamos chamando, neste ensaio, de identidades pessoais heterodirigidas, enquanto as culturas individualistas podem ser associadas à identidades pessoais fundadas na relação entre o "eu" e um "si mesmo" substancial.

Referências

ARAUJO, Ricardo Benzaquen de; VIVEIROS DE CASTRO, Eduardo. *Romeu e Julieta* e a Origem do Estado. In. FELGUEIRAS, Carmen; JASMIN, Marcelo; VENEU, Marcos (orgs.). Zigue-zague. Rio de Janeiro: Editora Puc-Rio; São Paulo: Editora UNIFESP, 2019.

CLIFFORD, J. *A experiência etnográfica:* antropologia e literatura no século XX. Rio de janeiro: Ed. da Universidade Federal do Rio de Janeiro, 1998.

DUMONT, Louis. Do indivíduo fora do mundo ao indivíduo no mundo. *O individualismo*: uma perspectiva antropológica da ideologia moderna. Rio de Janeiro: Rocco, 2000.

GEERTZ, Clifford. *A interpretação das culturas*. Rio de Janeiro: LTC, 2008.

GREENBLATT, S. *Renaissance Self-fashioning*. Chicago/London: The University of Chicago Press, 1980.

GREENBLATT, Stephen. "Falando com os mortos". In: *Como Shakespeare se tornou Shakespeare*. São Paulo: Companhia das Letras, 2011.

MAUSS, M. "Uma categoria do espírito humano: a noção de pessoa, a de 'eu'". In. *Sociologia e antropologia*. São Paulo: Cosac Naify, 2015.

SHAKESPEARE, William. *Hamlet*. London: Penguin Classics, 2005a.

SHAKESPEARE, William. *Hamlet*. (Tradução de Millôr Fernandes). Porto Alegre: LP&M, 2013.

SHAKESPEARE, William. *Othello*. London: Penguin Classics, 2005b.

SHAKESPEARE, William. *A tragédia de Otelo, o Mouro de Veneza*. (Tradução de Lawrence Flores). São Paulo: Penguin Classics/Companhia das Letras, 2017.

SHAKESPEARE, William. *Romeo and Juliet*. London: Penguin Classics, 2005c.

SIMMEL, Georg. "As grandes cidades e a vida do espírito". *Mana*, 2005, 2/11, p. 577-591.

TRILLING, L. *Sinceridade e Autenticidade*. A vida em sociedade e a afirmação do eu. São Paulo: É Realizações, 2014.

Nietzsche poeta (ou a loucura do epigrama)

Guillaume Métayer

"Nada mais que louco, nada mais que poeta": a exclamação escande um dos mais célebres poemas de Nietzsche.[1] A "loucura" é, para ele, um terceiro termo e um dos grandes elementos unificadores da filosofia e da poesia. No entanto, não corramos ainda para o colapso final. Nietzsche salta os séculos de loucura clínica para redescobrir o sentido satírico do bobo, o "Narr", cuja figura nascente difunde e ultrapassa, no final da Idade Média, a angústia da morte.[2] Esta loucura diz respeito à sátira, antes de pertencer ao hospital. É a de Yorick, o bobo macabro em Hamlet, uma figura em torno da qual Nietzsche esboça um ciclo de poemas.[3] Poderia ter sido diretamente o louco de Sebastian Brant, se o filósofo tivesse alguma vez citado a *Nave dos Bobos* ou possuísse algum exemplar desta vasta galeria de tipos, ilustrada por seu amado Dürer;[4] na realidade, a "loucura" que o inspira é mais a de outro nativo da Basiléia, Erasmo, exaltado em *Humano, demasiado humano* ao lado de Petrarca e de Voltaire.[5] É ao humanista de Rotterdam que Zaratustra alude quando fala de seu "elogio da loucura".[6] Nietzsche é de fato um herdeiro tardio desta moda do "louco" que irrigou a Europa literária no final do século XV e início do século XVI. Sebastian Brant era, além disso, amigo de Hutten, o cavaleiro, poeta e "espírito forte" que Nietzsche cita, desta vez em um fragmento póstumo,[7] e a quem ele alude em um dos epigramas reunidos no volume que recentemente editei.[8] Naturalmente, o "mestre cantor" Hans Sachs, e seus *Jogos de Carnaval* deve ter, pela primeira vez, familiarizado o filósofo com o mundo da "loucura" e da "saturnália" que é evocado no início da *Gaia ciência* e confere uma armadura simbólica a este seu novo projeto filosófico. Os mestres cantores de Nuremberg de Wagner assim como um poema de Goethe devem ter desempenhado aqui um papel de intercessores.[9] Em suma, a referência à *Gaya Scienza* dos trovadores viria apenas dar um toque românico a esta herança germânica, influenciando-a para torná-la mais leve e mediterrânea. Através da Provença e pela graça da geografia, a "ciência alegre" mergulha então plenamente suas raízes no espírito da sátira antiga,[10] que o professor de filologia conhecia perfeitamente bem. Embora Nietzsche gostasse dessas genealogias culturais, a fonte exata da qual ele extraiu a imagem estruturante da loucura importa menos do que o resultado já discernível da investigação: a "inversão de valores" explora a memória da inversão carnavalesca. O "saber alegre" e as práticas literárias que o manifestam devem ser reintegrados na filiação deste imaginário. Ora, pelo jogo dos fluxos temporais e da reconstrução retrospectiva operada por Nietzsche, esta sensibilidade se cristaliza em torno de uma forma muito particular de expressão poética: o epigrama.

Este é, de fato, o termo utilizado pelo filósofo. Quando, em Basiléia, em 8 de maio de 1882, Nietzsche anunciou a seu editor Schmeitzner a primeira forma acabada de *Gaia Ciência*, ele exclamou com entusiasmo que se tratava de um livro "com muitos epigramas em verso!!!"[11]

É aqui que chegamos ao âmago de nossa abordagem. Pois parece que ainda somos frequentemente apresentados a um Dionísio hemiplégico, privado de seu rosto risonho, de sua *vis comica*, daquele poder satírico do qual o epigrama tem sido um modo privilegiado de expressão desde a Antiguidade, e em particular em Roma com a virada operada por Marcial. Significativamente, a poesia de Nietzsche é chamada, em alemão, *eine Lyrik*, um lirismo.[12] Como se a poesia de um filósofo só pudesse ser lírica, assim como sua filosofia só poderia ser metafísica... No entanto, precisamente, as coisas são muito diferentes. Nietzsche não só elaborou uma detalhada apologia do elemento "bouffon" em filosofia, elemento que ele situa resolutamente entre as forças afirmativas; mas também o ilustrou em seu trabalho como poeta, em particular através do uso de epigrama, tal como este se especializou, desde Roma, em brevidade e acuidade.[13]

Dos sessenta e três poemas de *Scherz, List und Rache (Deboche, astúcia e vingança)*, o mais longo tem dez versos, e há nada menos que doze dísticos e vinte e três quartetos, os ritmos tradicionais do epigrama, três tercetos e nove quintetos[14]: a brevidade da inscrição está de fato no coração do projeto poético nietzschiano.

E ainda assim, parece que nossa edição é a primeira a apresentar uma coleção completa de epigramas de Nietzsche, tanto em tradução como em alemão, como se a ideia de Nietzsche epigramatista nunca tivesse sido totalmente assumida pelos críticos. Para não ver o epigrama, este gênero poético mal amado, todos os pretextos têm sido bons. Um tradutor afirma que *Ditirambos para Dionísio* é "a única coletânea de poemas de Nietzsche".[15] Mas isto não está longe de ser inexato. Uma parte substancial dos epigramas apresentados na edição que organizei foi reunida e publicada pelo próprio Nietzsche numa verdadeira coletânea, com um título, *Deboche, astúcia e vingança*, e até mesmo um subtítulo, *Prelúdio em rimas alemãs*. São nada menos do que sessenta e três poemas, marcados, em sua própria abundância, por uma notável unidade de tema, estilo e tom. É por estar amarrada ao *Gai Savoir*, como os epigramas foram outrora fixados em seus suportes materiais (túmulo, templo, pintura...), que esta coletânea não merece o nome de coletânea? É porque vieram à luz nesta forma parasitária ou até mesmo clandestina que devemos negar-lhes esta qualidade? Não é antes a nossa sensibilidade poética que nos acostuma a negligenciar o gênero do epigrama e a considerá-lo como uma forma fundamentalmente apoética? Quem ainda lê epigramas? É antes a evolução do gosto que parece explicar porque esta veia da poesia nietzschiana nunca se imprimiu totalmente em nossa consciência com a mesma evidência de sua inspiração noturna e cósmica, que é suntuosa, mas talvez mais "liricamente correta". No entanto, o próprio *Assim falou Zaratustra* não é um poema estritamente enfático. Vários tons, inúmeros sarcasmos, trocadilhos e pontas de ironia atravessam este avatar transcendido do conto filosófico. Seu versículo não é inequivocamente profético, como o de um Lamenais. O livro é, do inicio ao fim, uma paródia de seu repulsivo "hipotexto", a Bíblia.

Nossa sensibilidade poética e nossa própria concepção de poesia, distorcida e estreita quase ao único gosto elegante desde o Romantismo, não prepararam nem nosso ouvido nem nosso tempo íntimo para tal tom, para tal ritmo. O filósofo inatual, por outro lado, procurou ampliar o sentido poético de seu tempo para colocar não só o poeta, mas a humanidade em geral, em busca de uma grande lacuna psíquica, na qual ele viu o germe da superação do "humano, demasiado humano". É por isso que Nietzsche, o poeta, traz dentro de si, se quisermos, as aspirações contraditórias de um Hölderlin e de um Voltaire. É por isso sem dúvida que encontrou em Heine, o famoso "rouxinol alemão aninhado na peruca de Voltaire", uma graça a seus olhos tão especial.[16]

É, portanto, a importância, coerência e interesse desta veia do epigrama que desejamos destacar, tanto através da escolha de poemas apresentados ao leitor como através do viés de nossa tradução.

Esperávamos fornecer um complemento útil à edição apresentada na prestigiosa coleção "Poésie Gallimard", que nunca distingue o epigrama e o exclui quase completamente, semeando apenas um punhado deles em duas páginas colocadas sob o título "Sentenças". O título da antologia pode parecer enganoso: *Ditirambos para Dionísio. Poemas 1858-1888* poderia anunciar a poesia completa. Mas este não é o caso. Além de *Deboche, astúcia e vingança* (63 poemas), que abre a *Gaia Ciência*, não inclui *Canções do Príncipe fora-da-lei* (14 poemas), que o fecha, nem os poemas dos *Idílios de Messina*, que as Canções não retomam (2 poemas). Também não encontramos os poemas de abertura do mesmo volume e de seu quarto livro...

O que permanece nestes *Poemas 1858-1888* que Nietzsche nunca publicou? Obras de juventude que não podem pretender rivalizar com Rimbaud, pedaços do *Zaratustra*, e sobretudo incontáveis fragmentos póstumos, que hesitam entre o deslumbrante e o insignificante: um labirinto sem fio de Ariadne nem index, onde o próprio antologista se perdeu, traduzindo duas vezes o mesmo poema... Além da anedota, é o viés estético e filosófico que nos interessa. Ao privilegiar o fragmento sobre o contínuo, o inacabado sobre a forma acabada, assimila-se Nietzsche à Novalis, aprisionando-o numa sensibilidade romântica alemã que está longe de ser sua última palavra. Isto obscurece as exigências formais do filósofo e sua insolência jovial, que, no entanto, descende em linha reta dos cortejos ziguezagueantes de Dionísio. É omitir esta alegre forma de loucura que faz do Deus do vinho e da tragédia o ancestral da *Gaya Scienza*.

Não haveria, além disso, neste título de "Sentenças" que mencionamos anteriormente, uma confusão entre dois gêneros bastante distintos, o epigrama e a máxima? Um poema, precisamente intitulado "Canções e Sentenças", ajuda a dissipar este mal-entendido.[17] Nietzsche nele desenvolve sua arte poética do epigrama. Primeiro contrasta a "música das palavras" do *Lied* e o "significado sem canto" da máxima, apenas para sonhar imediatamente com sua reconciliação audaciosa, em uma nova forma. O último verso do poema, expulso das estrofes, formula esta tentação em uma pergunta final, típica da retórica do epigrama, não só em Nietzsche, mas também no Xênias de Goethe ou nos epigramas venezianos: "Posso oferecer-lhe um e outro misturados?"

O desejo explícito de Nietzsche é encontrar a força para unir as duas formas mais distantes, a frase do moralista e a mentira do músico, em uma forma poética e filosófica inédita, como um prelúdio para uma humanidade futura capaz de um riso trágico. É uma forma de máxima na música, com a poesia como o cadinho e o epigrama como o cenário. Ao lado de seus mestres moralistas, La Rochefoucauld e Chamfort, e seus mestres líricos, poetas e músicos, Hölderlin e Wagner, Nietzsche está em busca de uma forma mediana, um intermediário simbólico, uma superação sobre-humana que talvez seja apenas um "compromisso neurótico". É isto que o gênero do epigrama lhe oferece, esta transcrição das projeções da loucura dionisíaca, feita de saltos e andanças, mais do que de fragmentos e ruínas, forma simbólica de uma música de palavras que é também uma dança de ideias. Os títulos imaginados por Nietzsche neste momento são esclarecedores. O primeiro retoma os próprios termos de sua arte poética e mostra a ligação entre esta nova forma e o tema da loucura:

Livro dos Tolos
Canções e sentenças de Friedrich Nietzsche.[18]

Outro rascunho é ainda mais revelador:

500 inscrições sobre mesa e muro para os loucos da mão de um louco.[19]

O caráter primeiro de inscrição do epigrama – quase aparentado aqui aos grafites – é assimilado aos rabiscos bufões de um 'louco' com o qual o autor se identifica, assim como Brant se caricaturou em seu 'espelho' universal do frenesi humano.[20] Os epigramas são identificados com inscrições zombeteiras e profundas semeadas em seu delírio pelos servidores do Deus do vinho. O ditirambo não é a única forma de honrar Dionísio...

Podemos nos perguntar se estas "500 inscrições" indicam o projeto de uma coletânea de epigramas, ou se, como é mais provável, são uma forma de descrever um volume de aforismos em prosa, ou mesmo em prosa misturada com verso? Em qualquer caso, o título demonstra a importância conjunta e estruturante, em Nietzsche, do imaginário da loucura e da veia epigramática.

Além disso, o poema "Louco em desespero", inserido no apêndice de *Gaia Ciência*, ilustra seu título em uma dúzia de linhas instrutivas, que se abrem como se segue:

Ah, o que escrevi sobre a mesa e o muro
Com um coração e uma mão de louco,
À mesa e ao muro fariam tesouro?...[21]

No final do poema, a "sabedoria" dos "supersábios" será colocada muito abaixo dos rabiscos do louco. E muitos dos poemas testemunham o retorno da ideia secular da sabedoria paradoxal do louco, uma inversão também declarada no "Prólogo" do Zaratustra. Assim, a "Resolução" confunde os caminhos tortuosos dos sábios circunspectos com os caminhos sinuosos dos cortejos delirantes:

E se eu mesmo tomar a via
mais desvio que posso –
O mais sábio começou lá,
Lá onde termina – o bobo.[22]

Em "O dito do ditado", de *Deboche, astúcia e vingança*, o ditado é assim:

O encontro dos sábios e dos tolos,
eu o sou e o quero ser: todos [...][23]

A confusão e em seguida a inversão literária do tolo e do sábio não só desempenha o papel de máscara protetora da novidade e do escândalo,[24] mas também sugere outra inversão mais profunda inscrita no Ser, a das qualidades em seu oposto, evocada no início de *Humano, demasiado humano*,[25] ou novamente em *Além do Bem e do Mal*:

> Como uma coisa poderia nascer do seu oposto? Por exemplo, a verdade do erro? Ou a vontade de verdade da vontade ao erro? O ato abnegado do ato egoísta? [Tais origens

> são impossíveis; seria uma loucura ("Narr") sonhar com elas, pior ainda! [...]. Esta forma de apreciar é o típico preconceito pelo qual reconhecemos os metafísicos de todos os tempos.[26]

Enquanto a recusa em reconhecer essas genealogias ilógicas trai o metafísico, o louco é seu primeiro profeta, aquele que, por excelência, sabe como dizê-las e sabe como rir delas. A solidariedade da dialética do louco e do sábio e a geração de opostos é explícita em Zaratustra: "A dor também é alegria, a maldição, uma bênção, a noite, um sol – vá embora ou aprenda isto: um sábio também é um louco".[27]

No mesmo espírito, uma das duas paródias nietzschianas da celebração do "eterno feminino" no Fausto de Goethe, opõe a este o "eterno brincalhão",[28] ou, se quisermos, o "eterno tolo"... Nietzsche exalta o tolo capaz de acolher em seus olhos risonhos o grande jogo do mundo, aquela enorme roda que, mais do que a roda giratória de Margarida, estilhaça um após o outro os projetos humanos miseráveis:

Ao girar, a Roda do Mundo
vira nossos projetos, misturando-os,
"Ai" para aqueles que repreendem,
"Jogo", é como o Tolo a chama.

Em resumo, a aparente futilidade do Bobo é uma força que lhe permite ver a Roda do Eterno Retorno em ação. Isso o liberta dos antolhos da moralidade e faz com que as escamas do ressentimento caiam de seus olhos. Seu riso é o efeito fulgurante de um olhar de cima, o flash de uma lucidez já super-humana que toma o lugar do olhar *sub specie aeternitatis* do Deus falecido. A formalização imediata do riso é a única capaz de acomodar um ponto de vista sobre o mundo tão elevado e tão doloroso ao mesmo tempo, e é por isso que o riso está sempre alguns passos à frente de todas as paráfrases e de todas as análises que ele suscita... Neste sentido, o riso é primeiro, como a música, que ele tende substituir na obra de Nietzsche. É símbolo do início ao fim, indissociavelmente estilo e pensamento, de tal modo que seu comentário, como o da música ou o da poesia, o esvazia infinitamente e só pode empobrecê-lo à medida que parece desdobrar suas riquezas. É este momento de perfeição, este tremor sísmico de riso que o epigrama recolhe em sua forma e códigos, as oposições de opostos, as rupturas de tom, os flashes de crueldade cômica. O epigrama é, em suma, uma das grandes formalizações do riso nietzschiano. A descontinuidade destas justaposições de gargalhadas é bem diferente dos campos repletos de fragmentos que chamam a nostalgia ("Sehnsucht") para resgatar sua incompletude. É antes a fluidez lúdica de uma loucura sensata que ela atesta, saltos e ressaltos num mundo assimilado a um asilo, e onde consequentemente só o louco é capaz de dizer a verdade.[29]

É por isso que a loucura – por mais curioso que isto possa parecer, já que seus esquemas nos parecem tão distantes, e pouco habituados estamos a esta aproximação – se assemelha à espirituosidade, particularmente aquele espírito francês, cujos saltos fora da lógica juntamente com seu peso de pensamento, fascinavam Nietzsche.[30] O *esprit* encarna uma forma refinada e purificada da loucura medieval no contexto do gosto de corte. Como sugerem os duplos alemães dos termos gregos e latinos, é de fato uma loucura cheia de "sentido" que se manifesta tanto no epigrama ("Sinngedicht", ao lado de "Epigramm") quanto na frase ("Sinnspruch", ao lado de "Sentenz").

A mesma dialética ressurge em outro poema de tom epigramático, onde o autor se representa "lançando [seu] martelo no ar"[31] e voltando a ficar apto para a dança, depois de uma longa teimosia na doença wagneriana. O verdadeiro louco que então era recupera sua saúde mental ao abandonar o "espírito de peso" de seu antigo mestre, para se juntar à "loucura" bufona que é a primeira explosão de saúde recuperada, os primeiros passos de uma dança de tolos que sucede à dança macabra. Compreendemos assim que a leveza do epigrama é a antítese perfeita do *Gesamtkunstwerk* de Wagner, que a inscrição fugaz é um desafio à arte total, que o bacante inspirado escarnece do delírio forjado do "Cagliostro" musical consciente de seus efeitos.

Neste sentido, o subtítulo de *Deboche, astúcia e vingança* (*Vorspiel in deutschen Reimen*) é particularmente bem escolhido. O termo "prelúdio" (e não, por exemplo, "noturno") é explicado pelo lugar que esses epigramas ocupam, a abertura da *Gaia Ciência*, mas acima de tudo inscreve a coletânea numa rica tradição musical. Primeiramente pensamos, tanto quanto em Chopin ou Liszt, nas origens do "prelúdio". Antes do concerto, o artista afinava seu instrumento e de boa vontade se abandonava, como por diversão, a algumas improvisações. Se a nota de "jogo" ressoa melhor na palavra alemã *Vorspiel* do que no latim embaçado de nosso prelúdio, pode-se distinguir claramente, nos ritmos e rimas deliberadamente fáceis desses epigramas, uma forma de improvisação tão cuidadosa quanto tornada leve pela autoderrisão. Quase se pode ver a silhueta do brilhante improvisador de piano que Nietzsche foi ao longo de sua vida, inclusive durante alguns anos após o colapso de Turim. Aqui encontramos o tom dos "Knittelvers", o verso rimado de quatro batidas do carnaval germânico comum a Brant, Hans Sachs e Goethe.

Claramente, esta introdução à *Gaia Ciência* imita e parodia a estrutura de um drama musical para, utilizando apenas os recursos da filosofia e da poesia, opor a Wagner uma outra concepção de música, cuja aparente superficialidade pretende ser uma superação sob os auspícios felizes de uma maior leveza, uma maneira de jogar sua lança nos moinhos de vento do wagnerismo militante. É mais opereta do que ópera, deve-se admitir, isto de que estamos falando aqui, como o próprio título indica. Pois, além do interesse de Nietzsche em Offenbach, *Scherz, List und Rache* é literalmente o título de um *Singspiel* do compositor Kayser para o qual Goethe escrevera o libreto. Tratava-se de uma arlequinada ambientada na França do século XVII. No entanto, não nos enganemos. Nietzsche só está pegando emprestado um título e um tom aqui.

Sua leveza é apenas uma máscara, o "grama" de zombaria que toda mente bem nascida e toda natureza completa se mostra capaz de acolher em seu vasto universo. Estas peças saltitantes e cintilantes são, acima de tudo, um abre-alas para uma filosofia inédita. Além disso, como um prelúdio de ópera, estes poemas têm a função de anunciar os temas e a atmosfera da obra que eles introduzem, e muitas vezes até do pensamento nietzschiano como um todo.

A falta de interesse da crítica nietzschiana por esta veia e pela coletânea *Deboche, astúcia e vingança* é lamentável já que o epigrama é, antes de Zarathustra, a primeira formalização completa da unidade da filosofia e da poesia em Nietzsche. Na época, o filósofo ainda não havia compreendido a potência poética da prosa de Lutero e seu impacto único sobre o ouvido e as mentalidades alemãs. Ele ainda não pensava que a Bíblia, para ser destruída, precisava ser substituída, e que parodiá-la, e não apenas zombar dela, era uma das únicas maneiras de alcançar seu objetivo. Ele ainda acreditava que a parafernália tradicional do poeta poderia ajudá-lo a expressar suas ideias. É por isso que ele escreveu este "Prelúdio em rimas alemãs", cuja forma também desafia o recurso wagneriano ao "Stabreim", a aliteração. É significativo que este prelúdio de opereta para um grande drama filosófico obedeça assim às restrições clássicas do ritmo e da rima, como para se associar ao horizonte virtual de uma melodia da qual seriam o vestígio, ou que poderia vir realizar sua dimensão musical.

É por isso que decidimos romper com a tradição que até agora tem regido a tradução destes poemas e nos recusamos a traduzir os epigramas desta coletânea e todos aqueles dos cadernos póstumos do filósofo em versos brancos e linhas arrítmicas. Além disso, Nietzsche frequentemente aborda a questão da rima e do ritmo nesses mesmos poemas, a fim de significar e persifrar num mesmo movimento aquelas obrigações que são ao mesmo tempo arbitrárias e necessárias, aquelas "correntes" arbitrárias sem as quais não há "dança", aquelas dificuldades superadas sem as quais a humanidade não se superaria, e que os poetas, geração após geração, costumavam multiplicar com deleite[32]. "Vaidade de poeta" assim proclama:

> "Alojar em quatro rimas loucas um pouco de sentido? Orgulho supremo!"

"Canções e Sentenças" caracteriza de forma semelhante os *Lied*, cujas forças Nietzsche espera unir com as da máxima:

> "Ritmo no início, rima no final, e música para a alma, sempre".

Gostaríamos de apresentar a hipótese de que Nietzsche ressuscita o epigrama, renovando-o completamente, dando-lhe um novo sopro de vida e redirecionando seu curso, que parecia ter sido estabelecido para sempre desde o espantoso John Owen[33]. Embora Voltaire já tivesse usado o estilo e o "picante epigramático"[34] em benefício de sua polêmica teológica contra o Infame, Nietzsche é o primeiro a querer formular plenamente sua filosofia nesta linguagem. Em Voltaire, além disso, a crítica à Bíblia assume os acentos do epigrama, mas seus epigramas propriamente ditos permanecem dirigidos contra inimigos pessoais, como Fréron, ridicularizado "no fundo de um vale". Estes poemas permanecem prisioneiros da dialética original do perene e do fugitivo, própria da inscrição.[35] O próprio Lessing, cujo tom e formas reencontramos aqui, não faz outro uso deles, quer se dirija a pessoas reais, como Voltaire em seu epitáfio, ou a "personagens" sem rosto, como Erastus ou Nicander. Nietzsche, por outro lado, reconstrói a economia do epigrama a partir do zero. As tensões entre o duradouro e o fugaz, o profundo e o superficial, o conteúdo filosófico e o riso, são a corda bamba de seu pensamento. Não é mais apenas uma circunstância ou um humor inscrito ainda vivo no mármore, mas uma forma de epigrama de segundo grau, que oferece a formalização condensada, irônica e até mesmo cáustica de uma posição filosófica. Neste sentido, a poética destes breves textos é o oposto da moda do haiku, ao qual estão relacionados por sua brevidade e senso de surpresa, e ainda mais ao satírico senryū, na medida em que a evanescência das coisas só é convocada para criar um efeito de leveza, enquanto a substância do pensamento pretende ser filosófica.

Resta-nos fazer a pergunta mais importante, que justifica nossa abordagem: de que forma a forma do epigrama é indicativa do pensamento de Nietzsche? É provavelmente necessário voltar ao lugar que Hegel atribui a este gênero na Estética.[36] O epigrama pertence à era da "arte simbólica", profundamente atravessada por uma incapacidade de superar a contradição entre a ideia e sua realização. De acordo com Hegel, temos que esperar pela arte clássica e seu senso do limite, ou seja, da determinação, para que esta disjunção seja finalmente resolvida. No entanto, esta resolução não é, historicamente, a última palavra em arte. O romantismo vai além desta etapa, abrindo a arte ao infinito que caracteriza a livre atividade da mente. Ela rompe todas as restrições e formas que fixam o espírito agora emancipado ("Geist"). A apologia inatual e recorrente da arte clássica por Nietzsche toma emprestado da construção hegeliana: é em virtude da "medida grega", da "restrição", do "limite" e das "restrições", especialmente a brevidade, que Nietzsche celebra novamente o classicismo, no exato momento em que Wagner, segundo ele, "completa" o Romantismo, ou seja, o realiza e, ao mesmo tempo, o aniquila. Nietzsche sonha com um novo classicismo e, em muitos aspectos, o anuncia; mas muitas vezes ele emprega, neste "fin de siècle" cujas deficiências o atravessam tanto quanto o revoltam, as armadilhas de um neo-classicismo iluminado pela paródia e energizado pela ironia. Formas poéticas menores, como este "Prelúdio em rimas alemãs" e estes epigramas errantes, são o traço disso. O formalismo antiquado e saboroso deles não é obviamente o principal. O que importa é o significado filosófico do próprio gesto de livre restrição – ritmo e rima, brevidade, a estética da provocação.

Nietzsche censura efetivamente o Romantismo por encarnar uma espécie de "infinito mau", o da indeterminação, o da "melodia infinita" de Wagner, que ele assimila a uma melodia que não tem mais fim. Ele até vê nela uma forma sublimada de dispepsia contemporânea, aquela digestão interminável da qual a universidade historicista de seu tempo lhe oferece o espetáculo sonolento e atarefado. O *tour de force* destas breves formas organizadas em um discurso descontínuo constitui assim um gesto de desafio ostensivo ao triunfo do interminável e do indeterminado. Nietzsche se deleita em destacar a fecundidade paradoxal do limite e em transformar em riso, loucura e espírito o que parece retirar em emoções líricas mais esperadas. O lugar que exibe e concentra o poder da limitação e do riso aqui é naturalmente a famosa "ponta" do poema, a queda do epigrama, com sua carga de veneno *in cauda* – momento que é ainda mais virtuoso porque foi preparado com a maior brevidade. Este gracejo final expressa o ideal de um "saber alegre", para o qual o riso é a maneira mais elegante de dizer adeus. É o pontapé que nos liberta da melancolia e da confusão metafísica. Esta limitação (à qual o termo aforismo está etimologicamente ligado) pretende ser portadora de uma "grande saúde" filosófica. É aquela de um espírito que sabe se condensar para acabar com os problemas e dançar. O "psicólogo das profundezas" vê no "mau infinito" mais do que a liberdade essencial do espírito, mas como sua doença. A especialização da poesia romântica no gosto elegíaco da melancolia trai uma evolução de valores e paixões em direção ao triste. Neste sentido, este retorno ao epigrama não é alheio às noções freudianas não só do *Witz*, mas também de um "luto",[37] com a diferença de que, como escreve Nietzsche, "o humor é um epigrama que se faz sobre a morte de um sentimento",[38] ou seja, o riso pode proporcionar uma cicatrização mais completa do que a interpretação.[39] Através de seu poder plástico, ele contém a forma e a energia de uma superação do mal ao qual toda análise, mesmo quando realizada por duas pessoas, talvez só seja capaz de dar uma consistência e solidez paradoxais. Esta é, pelo menos, a experiência da "loucura" que havia tentado o início do século dezesseis, como já vimos.

O extraordinário poder de síntese do epigrama explica sua capacidade de dissolução desta melancolia que foi "o mal do século", mas talvez também um mal bimilenar do qual este "hebreu que não conheceu o riso" teria lançado a longa sequência.[40] Se o epigrama é tradicionalmente o "irmão da elegia", é, portanto, seu irmão alegre e zombeteiro, que carrega a transfiguração em humor, a superação do indivíduo e o acesso ao olhar de cima sobre "a inocência do devir". Este é o gesto aristocrático que marca sua "paixão pela distância" sem alegar transcendência, nem se curvar em lealdade celestial.

É claro, a forma do epigrama é apenas uma matriz. Nietzsche está consciente do fato de que o traço epigramático do espírito se liberou de sua forma e, aliás, ele aproveita esta dissociação para ligar pela primeira vez esta forma agora errante à expressão do pensamento. De certa forma, a proliferação do elegíaco na Alemanha do século XIX é a resposta do Romantismo à proliferação do espírito epigramático na França do século XVIII. A obra de Nietzsche também é permeada por esta proliferação do espírito epigrâmico, tão característico do Iluminismo francês.[41] O próprio Nietzsche refere-se a seu "senso de estilo, do epigrama dentro do estilo", "despertado quase espontaneamente através de [seu] contato com Sallustus",[42] em seus primeiros anos de vida.

O uso do gênero por Nietzsche manifesta a herança e a superação dos dois séculos que o precederam, o epigrama das circunstâncias e a rigorosa elegia. A isto deve ser acrescentada aquela forma de esboço a partir da natureza super investido de sentimento que, no Romantismo, substitui o antigo epigrama e cuja insipidez e facilidade Hegel denuncia.[43] Com o Romantismo, não é mais a virada epigramática que prolifera, mas a assimilação de qualquer objeto ocasional à arbitrariedade do sujeito que escreve. Herder, em sua crítica às concepções de Lessing sobre o epigrama, abriu o caminho para essa deriva.[44]

Agora, pela primeira vez com Nietzsche, o epigrama é usado para dar forma aos elementos de uma filosofia pessoal, certamente, mas cujo escopo se destina a ser indissociavelmente generalizável. A dificuldade está em manter a leveza do gênero e, ao mesmo tempo, incutir, nele, a capacidade simbólica da poesia. É neste sentido, em particular, que estes poemas constituem uma das etapas que levam Nietzsche à descoberta do estilo de seu Zarathustra.

Por um lado, Nietzsche herdou a rejeição voltaireana do símbolo, que os excessos da interpretação "pneumática" da Bíblia haviam tornado insuportável aos espíritos dotados de probidade; mas por outro lado, ele entendeu que agora podia usar a poesia para figurar pensamentos que há muito estavam libertos do dogma. Nesta visão estética do mundo, a filosofia assume naturalmente a forma de epigrama. Se, como Voltaire no conto filosófico, Nietzsche não apresenta nenhum símbolo sem desdobrá-lo em paródia, ele ainda assim tenta um uso consciente e construído de simbolismo pessoal. A forma que assume este novo simbolismo sem teologia é a metáfora.

Como com Kafka, cada um destes poemas coloca o leitor *in medias res* num mundo metafórico onde os sinais de comparação estão ausentes. Com isso, Nietzsche pretende atacar pela raiz os preconceitos da linguagem, pois a metáfora também é primeira, é a primeira apreensão do mundo, uma mistura de imaginação, formalizações, projeções e observação.[45]

Às vezes o título prepara o leitor para esta imersão metafórica, estabelecendo uma prosopopéia[46] ou um diálogo com o leitor que também é um transeunte (um "Wanderer"), estratégias típicas do epigrama desde suas origens;[47] mas geralmente, numa confusão e sem preparo, apresentam refeições[48] e outras libações,[49] aventuras náuticas,[50] diálogos sem rosto,[51] confidências de cobras,[52] todo um carnaval de animais (porcos, pombas e sapos ou pererecas numa fábula que foi apagada,[53] águias e uma coruja,[54] até mesmo um rinoceronte[55]), sem mencionar pessoas que andam de quatro patas,[56] paisagens à imagem do Homem,[57] homens sábios como nuvens,[58] árvores como a roseira que canta,[59] jogos de sombras,[60] de sol e de estrelas,[61] de climas opostos (o gelo e a chama),[62] de matérias-primas (madeira, ferrugem),[63] de ascensões ou descidas vertiginosas de montanhas ou escadas monumentais que representam seres humanos,[64] metáforas de caminhadas[65] e danças,[66] mulheres[67] e crianças,[68] viajantes[69] e acorrentados,[70] da escrita,[71] da pintura...[72] O céu aponta seu tédio,[73] o inferno sua chama[74] e o diabo sua garra,[75] enquanto os santos usam suas máscaras,[76] a doença, sua ameaça,[77] e o tempo faz ouvir seu tic-tac.[78] Encontramos até filósofos, como Sêneca, que é escarnecido tão rapidamente como no *Crepúsculo dos Ídolos,*[79] Heráclito[80] e, é claro, o próprio Nietzsche.[81] Nos epigramas póstumos, encontramos Schopenhauer, Spinoza e Wagner, os alemães darwinianos...

Assim, quando ele não se contenta com simples máximas versificadas sem imagens marcadas, é toda a matéria-prima da realidade que, por metáfora e símbolo, entra assim na filosofia, tomando, se necessário, a palavra. Em suma, um mundo inteiro, oferecido em algumas páginas na queda breve de algumas rimas. É, antes de Zaratustra, todo um bestiário, todo um imaginário e todo um pensamento[82] – um primeiro esboço, em tiradas, do grande poema filosófico.

Uma proliferação que não é apenas um retorno à abundância renascentista, mas o sinal de que a filosofia de Nietzsche gira em torno de uma única intuição, talvez metafísica, cuja expressão atravessa e transcende todos os domínios, e todo um campo metafórico pode, portanto, abarcar. Uma intuição cuja forma o epigrama mais furtivo é capaz de captar e figurar.

Traduzido do francês por Patrícia Lavelle.

Notas

1 Cf. O canto da melancolia. *Assim falou Zaratustra: um livro para todos e para ninguém*. Trad. Paulo Cesar de Souza. São Paulo: Companhia das Letras, 2011.

2 Cf. Michel Foucault. Stultifera navis. *Histoire de la folie à l'âge classique*. Paris: Gallimard, 1972, p. 30-32.

3 *Kristische Studiensgabe*, org. Giorgio Colli Mazzimo Montinari, Berlim/New York: de Gruyter, Deutscher Taschenbuch Verlag, 1967 (reedição em 1999), 11, p. 327. Daqui em diante usaremos a abreviação KSA.

4 O *Narrenschiff* foi publicado na Basiléia, onde Brant era professor na universidade, em 1494, durante o Carnaval. Cf. a excelente edição francesa desta obra por Nicole Taubes, Claude Gaignebet e Monique Goullet (Paris: Corti, 2004).

5 "A reação como progresso", *Humano, demasiado humano*, I, §26, KSA, 2, p. 46.

6 "Por teus gritos tu me agradas até meu elogio da loucura", diz Zaratustra a seu macaco (*Also sprach Zarathustra*, III, KSA, 4, p. 224). O livro de Erasmo foi publicado em 1511.

7 Cf. Primavera-verão 1877, 22 (72), KSA, 8, p. 391.
8 *Deboche, astúcia e vingança*, §3.
9 Cf. "Hans Sachsens poetische Sendung", in Johan Wolfgang von Goethe. *Werke*, Hamburger Ausgabe, München: Deutscher Taschenbuch Verlag, 1998, vol. 1, p. 135-139.
10 Os dispositivos rimados de Hans Sachs provavelmente prepararam o terreno dos "pequenos versos" dos *troubadours* evocados em sua carta à Rohde do início de dezembro 1882 a propósito da "gaya Scienza" (Sämliche Briefe. Kristische Studienausgabe, de agora em diante abreviada como KSB, 6, 292).
11 KSB, 6, p. 191.
12 F. Nietzsche. Gedichte. Stuttgart: Reclams Universal-Bibliothek, 2010. Nachwort, p. 173-186 (Mathias Mayer). Ver o excelente prefácio ao *Gai savoir* de Patrick Wotling. Paris: Flammarion, 2011, p. 396-397.
13 Desenvolvo este ponto em *Nietzsche et Voltaire. De la liberté de l'esprit et de la civilisation*. Paris: Flammarion, 2011, p. 396-397.
14 Os quintetos são todos em duas rimas como quartetos ligeiramente alongados, e quatro octetos (entre os oito do conjunto), um poema de nove versos e mesmo um de dez são construídos em duas rimas, o que compensa sua extensão e dá a impressão de um ritmo acelerado. Além de *Deboche, astúcia e vingança*, no resto de nossa seleção, que se estende além das fronteiras do epigrama em função das temáticas, dístico e quadra, os dois ritmos do epigrama, ocupam ainda a maior parte (10 dísticos e 10 quadras).
15 Segundo Michel Haar, in: Nietzsche. *Dithyrambes pour Dionysos. Poèmes 1858-1888*. Paris: Gallimard, 1997, p. 7.
16 Nietzsche faz o elogio de Heine como "Lyriker" em *Ecce Homo*, cf. §4, KSA, 6, p. 486.
17 "*Lieder und Sinnsprüche*".
18 "*Narren-Buch Lieder und Sinnsprüche von Friedrich Nietzsche*", Primavera 1881, Verão 1882, 19 (14), KSA, 9, p. 679.
19 Fevereiro-março 1882, KSA, 9, p. 673.
20 No capítulo 1 da *Nave dos loucos*, p. 23-24: "Eu conduzo a dança dos loucos".
21 Dou aqui a tradução francesa do autor deste artigo: "Ah! Ce que j'ai écrit sur la table et le mur/Avec um coeur de fou et une main de fou, / À la table et au mur feraient une parure?" Na medida do possível (se é que isto é possível), procurei manter suas escolhas formais na tradução em português de sua tradução. (N.T.)
22 "Et si moi-même je prends les voies/Les plus contournées que je puis – /Le plus sage commença par là, /Là même où le fou, lui – finit."

23 "Le rendez-vous des sages et des fous, /Je le suis et veux l'être: tout [...]"
24 §246, KSA, 2, p. 488.
25 I, §1, KSA, 2, p. 23.
26 *Par-delà Bien et Mal*, I, "Des préjugés des philosophes", § 2. Traduction Henri Albert, in: Nietzsche. *Œuvres*, Paris: Laffont, vol. 2, p. 561-562.
27 Ibidem, p. 504.
28 "ewig-närrische".
29 Michel Foucault (note 2), p. 29.
30 Gai Savoir, II, §82, KSA, 3, p. 437.
31 "Narrenkappe".
32 *Humain, trop humain:* II, *Le Voyageur et son ombre*, § 140, KSA, 2, p. 612.
33 Ver a excelente obra de Pierre Laurens: *Anthologie de l'épigramme de l'Anti- quité à la Renaissance*, Paris: Gallimard, Coll. "Poésie", p. 42-43.
34 Segundo a expressão de Hettner, transmitida por Nietzsche; ver *Nietzsche et Voltaire* (nota 16), p. 430.
35 Sobre o epigrama em Voltaire, remetemos ao nosso artigo: "Peindre ou ne pas peindre: l'épigramme voltairienne et les arts visuels" dans les volumes de *Mélanges* en hommage à François Moureau", Paris: Presses Universitaires de Paris Sorbonne, 2012.
36 Hegel. *Esthétique*, traduction de Charles Bénard, revue et complétée par Benoît Timmermanns et Paolo Zaccaria, Paris: Le Livre de Poche, Coll. "Classiques de la Philosophie", IIe Partie, ch. III, C3, p. 539-541.
37 Freud. *Deuil et Mélancolie*, Paris, Payot, Coll. "Petite Bibliothèque Payot", 2011.
38 *Humain, trop humain.* II: *Le Voyageur et son Ombre*, § 202, KSA, 2, p. 466.
39 Ver também "Quanto mais me explico mais me estrepo/Não posso ser meu próprio interprete". In: Interpretação (*Raillerie, ruse et vengeance*, § 23).
40 *Ainsi parla Zarathoustra* (note 1), "De la mort libre", p. 125.
41 Como um outro Voltaire, ele às vezes insere um epigrama em sua correspondência. Ver sua carta à Rohde, Basilea, 21 de dezembro de 1874, ("In Betreff der Urhe- berschaft machte ich sofort epigrammatische Dichtung:/ Dieser Sprott/ Ist nicht von Gott,/ meine, er kommt von Rott". KSB, 4, p. 284.
42 *Crépuscule des Idoles*, "Ce que je dois aux Anciens", 1, KSA, 6, p. 154.
43 Hegel: *Esthétique* (note 53), p. 746-747.
44 Herder: *Anmerkungen über das griechische Epigramm*, § 1, *Zerstreute Blätter. Zweite Sammlung*, Gotha: Carl Wil- helm Ettinger, 1786.

45 Ver Sarah Koffmann, *Nietzsche et la métaphore*, Paris: Galilée, 1983 (1re éd., Paris: Payot, 1972).
46 § 11, § 17, § 38, § 49, § 61.
47 Ver Herder, § 3.
48 §1, § 54.
49 §10, § 39.
50 §2.
51 § 4, §32.
52 § 8.
53 § 21, §24.
54 § 40, § 53.
55 § 58.
56 § 42.
57 § 33.
58 § 49.
59 § 9.
60 § 12, § 46.
61 § 29, § 30, § 40, § 48, § 63.
62 §13, § 35, "Sete pequenas sentenças de mulher", § 62.
63 § 14, §15, § 56.
64 § 6, § 44, § 47, § 60.
65 § 5, § 7, § 52.
66 § 13.
67 §19, §22, § 50.
68 §28; § 36.
69 § 27, § 37.
70 §32.
71 § 59.
72 § 55.
73 § 57; ver também § 13.
74 § 3.
75 § 38, § 50; 28 [44].
76 § 31.
77 § 4; § 24.
78 § 48, § 61; ver também "Poeta, uma vocation".
79 § 34. *Crepúsculo dos Ídolos*: "Divagações de um Inatual", § 1, KSA, 6, p. 111.
80 § 41.
81 § 53. E num sentido anunciador, § 62.
82 Por exemplo, a crítica da noção de "próximo" (§ 30) *e Assim falou Zaratustra*, "Do amor do próximo"; mas também a Gaia Ciência, I, § 21.

Somos contos contando contos: linguagem, poesia e filosofia em Pessoa

Gisele Batista Candido

O discurso ingênuo dos selvagens nos obriga a considerar o que poetas e pensadores são os únicos a não esquecer: que a linguagem não é um simples instrumento.
(Clastres, 2003, p. 143)

I

Sabemos que o vínculo entre o poético e o filosófico é seminal; a propósito, são nos versos de Homero que encontramos o desenvolvimento das primeiras experiências filosóficas registradas no Ocidente. No entanto, ainda que a ligação entre os discursos poético e filosófico pareça evidente, a compreensão de sua natureza não é óbvia, tampouco é unívoca as formas como essa relação se desdobrou ao longo do tempo. Enquanto algumas linhas filosóficas, sobretudo aquelas afeitas às certezas e exatidão, por exemplo, simplesmente desprezam esse envolvimento entre poesia e filosofia ou o vê como algo acidental e se esforçam para apartá-las; outras vias filosóficas se ocupam com reflexões sobre a necessidade e proficuidade desses laços, dando continuidade, cada qual ao seu modo, ao diálogo entre o poético e o filosófico.

Tarefa porventura infinita, visto que não se configura como uma questão indiscutível e consumada, o estudo da natureza do elo entre filosofia e poesia, a partir de um olhar sobre a forma como os diferentes filósofos consideraram o poético, pode nos revelar muito sobre o próprio fazer filosófico, seus movimentos, fluxos, limites e inflexões. Ao frequentar a poesia, além de oferecer essa oportunidade reflexiva, o exercício filosófico nos forneceu um olhar profundo sobre o poético, seja na forma de tratados de estética e filosofias da arte ou em reflexões que extrapolam essas denominações.

Entretanto, conforme a própria origem convencional da filosofia no Ocidente nos mostra, os laços entre o poético e o filosófico não são unilaterais. Assim como a filosofia pode se ocupar da poesia, nada impede que o poeta cultive experiências filosóficas. Nesse horizonte, buscaremos investigar aqui como o poeta Fernando Pessoa lidou com a filosofia, considerando sobretudo o que as suas experiências poético-filosóficas acerca da existência e da consciência podem revelar sobre o vínculo em questão.

II

Em um dos poemas do heterônimo[1] pessoano Ricardo Reis, lemos: "Somos contos contando contos, cadáveres/ Adiados que procriam"[2] (Pessoa, 1994, p. 168a). Passado o impacto inicial provocado por esses versos, que violentamente nos despertam para a lembrança atroz de nossa condição efêmera diante da inexorabilidade da morte, nos deparamos também com uma delicada ideia poético-filosófica sobre a natureza da vida humana. A configuração mais íntima de nossa existência, nossa essência e nosso modo de ser no mundo é sobretudo poético: "Somos contos contando contos". Ao definir a existência humana em consonância com um gênero literário – o conto –, esses versos, quase tautológicos, exemplificam como o poético pode habitar e até mesmo se apropriar de modo radical do discurso filosófico. Não se trata apenas da poetização de uma questão de pertinência filosófica sobre a natureza do ser (o que somos?), mas de uma convergência maior: é um recurso literário – o verso – apresentando o ser, sua ação, sua duração e seu sentido enquanto uma forma literária: o conto. Nesse contexto, podemos observar uma coincidência radical entre, por assim dizer, o conteúdo e a forma: a potência da forma poética não apenas compõe o sentido filosófico, como também se sobrepõe a ele para recompô-lo.

Como pretendemos mostrar adiante, a filosofia não tem a sua força mitigada diante dessa presença, tão eminente, do poético no pensamento pessoano. Antes, é justamente essa configuração que permitirá ao poeta português desenvolver suas reflexões de forma original e contundente.

Além de seu alcance literário, a obra de Fernando Pessoa dialoga com diversas outras áreas, mas não seria controverso considerar que a intensidade de sua relação com a filosofia é ímpar, de sorte que em seus escritos autobiográficos Pessoa declara: "eu era um poeta inspirado pela filosofia" (Pessoa, 2006, p. 19). Embora seja arriscado afirmar que ele concebeu uma doutrina ou um sistema filosófico nos moldes tradicionais, é possível considerar que ele criou um universo poético povoado por experiências de teor e pertinência filosóficas. Ao pensar esse universo "como condição possível da filosofia", Alain Badiou inclusive defende que "a linha de pensamento singular desenvolvida por Fernando Pessoa é tal que nenhuma das figuras estabelecidas da modernidade filosófica está apta a sustentar sua tensão" (Badiou, 2002, p. 53 e 54).

Ao que Renaud Barbaras acrescenta: "Pessoa encarna uma das direções do nosso futuro filosófico e é por isso que, como Badiou o nota, quando lemos Pessoa, ficamos rapidamente convencidos de que é inútil ler outros livros, que tudo está ali" (Barbaras, 2011, p. 229). Em suas abordagens sobre a obra pessoana, tanto Badiou quanto Barbaras enfatizam que é o encontro entre a poesia e a filosofia que permite ao Pessoa ir mais além em várias questões consideradas pela tradição filosófica. Ao desenvolver suas reflexões na dimensão criativa da arte, sem limitá-las às categorias e compromissos tradicionais da filosofia, o poeta português abre um novo horizonte para as problematizações filosóficas.

Mais que uma simples tematização dos movimentos e problemas filosóficos, presenciamos na obra pessoana uma espécie de experimentação poética original de questões frequentadas pela filosofia, que confere à potência poética da linguagem um lugar de destaque, tanto ao configurar a condição humana, conforme os versos citados inicialmente evidenciam, quanto na gênese do real. Com efeito, Carlos Felipe Moisés escreve que tal obra comporta "uma estrutura cujo núcleo de sustentação se localiza nas potencialidades da linguagem, que perde a condição de mero instrumento de comunicação, para ganhar a dimensão ontológica de fundamento da realidade" (Moisés, 1999, p. 39).

III

Além de compor a sua biblioteca particular com diversos livros de filosofia, ao cursar o superior em Lisboa, Pessoa registrou em uma espécie de diário as suas leituras, que incluíam os escritos de vários filósofos, historiadores e comentadores da filosofia: "Li a *History of Philosophy* de Weber, agora estou a estudar as escolas Jônicas e Eleática. Tenho de ver outras histórias, comparar e tirar notas. Fui à Baixa à noite; nada fora do vulgar. Tenho de ler mais poesia, de modo a neutralizar um pouco o efeito da filosofia pura" (Pessoa, 2006, p. 33). Em outros momentos ele escreve: "Li um pouco de Rousseau (Inegalité [parmi les hommes]) (...) Tenho andado a ler a *Crítica da Razão Pura* na tradução fran-cesa de Barni" (Ibid., p. 37). A lista de suas leituras filosófi-cas continua, com obras de autores como Schopenhauer (Ibid., p. 51), Platão, Aristóteles (Ibid., p. 53), Heráclito (Ibid., p. 55), entre outros.

A mais celebre seleção de textos filosóficos escritos por Pessoa foi estabelecida em 1968 por António Pina Coelho. Lançada pela editora *Ática* em dois volumes, a edição de *Textos Filosóficos de Fernando Pessoa* é composta predominantemente por escritos em prosa, em que Pessoa comenta e desenvolve estudos sobre diversos nomes da tradição filosófica. Considerando a afinidade do poeta português com a filosofia, Pina Coelho escreve no prefácio da coletânea:

> Entusiasma-o a filosofia antiga, o tatear dos primeiros passos de Tales, Anaximandro, Anaximenes, Pitágoras, Xenofanes, Heráclito, Parmenides, Empédocles, Anaxágoras, Demócrito, Sócrates e os malabarismos logísticos da sofística. Alimenta o gosto por Platão (nele incutido pelos mestres da High School de Durban), que lê, comenta, glosa e refuta por vezes. (...) Lê também Aristóteles e, embora o queira transcender, por ele se deixa influenciar. Estuda as filosofias orientais e neo-platónica; a filosofia dos Santos Padres; Santo Agostinho, Santo Tomás; estuda igualmente os filósofos árabes; Descartes, Leibnitz, Pascal, os idealistas alemães, como Kant, Fichte, Schelling, Hegel;

> Espinosa; os vitalistas; Schopenhauer cujo 'Essai Sur le Libre Arbitre' (trad. Francesa) sublinha e anota abundantemente; Rousseau; Nietzsche; Vico; Spencer, Comte, Haeckel; Lewes; Drummond; Büchner; os compendistas Fouileé, Cousin, Émile Boirac autor de 'Cours Élé mentaire de Philosophie', cujas capas ele aproveita para fazer alguns apontamentos; os ingleses Bacon, Locke, Hobbes, Berkeley; etc., etc. (Pessoa, 2006b, p. XV)

Como podemos constatar, Pessoa foi um ávido leitor e manteve contato com uma considerável bibliografia filosófica. Não podemos nos esquecer que, no entanto, ao afirmar ser "um poeta inspirado pela filosofia", ele prontamente reiterou "não [ser] um filósofo com faculdades poéticas" (Pessoa, 2006, p. 19). Essa declaração exemplifica a primazia do poético – ante a filosofia – no tocante a sua vocação, e reforça as leituras que sustentam que a intensidade e originalidade filosóficas de sua obra não se concentram em seus textos de análises da tradição filosófica ou de reflexões estéticas, mas sim em seus escritos poéticos, sejam eles em prosa ou verso. Em outras palavras, curiosamente, Pessoa é mais filosófico quando é poético do que quando teoriza sobre filosofia. É na e por meio da poesia que sua verve filosófica se afigura de forma original. Mas que originalidade é essa?

Ao frequentar o universo que é a obra pessoana, encontramos referências e ecos substanciais dos estudos desenvolvidos pelo poeta ao longo de sua vida. Graças à multiplicidade de caminhos filosóficos percorridos por ele, por seus heterônimos e personalidades heteronímicas, diversos comentadores se dedicaram, inclusive, a traçar paralelos entre os escritos pessoanos e diferentes filosofias. Entretanto, o teor filosófico de sua obra não se reduz à simples apropriação do pensamento de outros autores; nela encontramos o desenvolvimento de experiências singulares.

Entre elas, destaca-se aquela que pode ser considerada o coração pulsante de sua obra: o desassossego[3]. Ainda que a obra de Pessoa seja caracterizada em sua forma e substância por uma pluralidade de sentidos capaz de gerar múltiplas interpretações[4], o desassossego é o elemento que está no âmago das principais experiências de seus escritos. Sem se deixar cristalizar em um conceito, o desassossego é antes uma potência vital, que anima a nossa existência ao mesmo tempo que a impele à incompletude. Com efeito, o poeta português define essa sina: "Nós nunca nos realizamos. Somos dois abismos – um poço fitando o céu" (Pessoa, 1999, p. 54). Sobre o desassossego em Pessoa, José Gil escreve:

> O desassossego está para aquém do pensamento – num satanismo antes de Satã, antes de um nome, antes de uma ideia. Mas abre para além das antinomias, das ideias, dos deuses, do ser e do nada. A insatisfação do desassossego desvela a impossibilidade de pensar um fundamento último da existência, porque quando se julga chegar a um último termo, ele faz-nos descobrir um outro, mais longe, e tão pensável e, portanto, tão justificável como o primeiro. Nem Deus, nem os deuses, nem o ser nem o não ser, nem a existência, nem a morte são pontos de apoio últimos do espírito que, animado pelo movimento da vida, do desassossego, faz rebentar todas as categorias. O desassossego abre para o "Mistério", mistério da vida, incompreensível, impensável, apenas exprimível pela arte. (...) Enquanto movimento de vida, o desassossego não possui direção, mas toma todas as direções possíveis, sem outra finalidade senão ele próprio, na sua livre 'expressão', como diz Pessoa.

> Se o pensamento nele se enxerta, se tenta imprimir-lhe um vector determinado, surgem outros vectores contrários que impedem o primeiro de se fixar. Assim, paradoxalmente o pensamento exacerba o próprio desassossego. (...) [Portanto], segundo as estratégias desenvolvidas para ajustar o pensamento à vida, o desassossego toma destinos diferentes: trágico em Campos e Soares, estóico em Reis, melancólico em Pessoa ortónimo, sereno em Caeiro. (Gil, 1994, p. 29, p. 32)

Como uma espécie de potência vital desestabilizadora, o desassossego revela-se na incipiente contingência que impulsiona o homem em sua existência e especulações, em um movimento sempre inacabado e insatisfeito que, indefinido, não determina qualquer direção.

Pessoa presencia o "desassossego no fundo de todos os cálices" (Pessoa, *Poesia Completa de Álvaro de Campos*, p. 187). Animado pela persistência do desassossego, ele experimenta com suas perquirições a impossibilidade do conhecimento conclusivo, entrevê o mistério enquanto horizonte e assim estabelece a suspensão como conduta. Contudo, tal suspensão não se reduz à constante negação ou à ataraxia, mas aponta para uma existência plural, pautada pela possibilidade de criação: "Sê plural como o universo!" (Pessoa, 1990, p. 41).

Além de ser tematizado por Pessoa ortônimo, por boa parte de seus heterônimos, e marcar o ponto culminante de suas investigações, o desassossego é antes o elemento que move o autor, impulsionando e conduzindo as suas especulações e criações por um caminho original. Sob tal inquietante tutela, Pessoa questiona até a constituição de sua própria subjetividade. Nesse horizonte, sua experiência da heteronímia, por exemplo, envolve um processo radical de dessubjetivação,[5] capaz de promover uma reformulação da noção de sujeito: "Acabemos com a ideia de que cada indivíduo é só ele-próprio. Todos nós coexistimos ao mesmo tempo que existimos. Todos nós somos todos os outros. (...) Somos agregados de células, agrupamentos de psiquismos, de sub-nós, somos inteiramente tudo menos nós-próprios" (Pessoa, 1993, p. 178). Evidenciando a fragilidade da noção egocêntrica de sujeito, o Eu se mostra em sua obra mais como um palco para o desdobrar da existência do mundo e de outros do que uma ideia de individualidade circunscrita. Desse modo, Pessoa escreve: "Sinto-me viver vidas alheias, em mim, incompletamente, como se o meu ser participasse de todos os homens, incompletamente de cada [?], por uma suma de não-eus sintetizados num eu postiço" (Pessoa, 1990, p. 41).

Enfim, a originalidade da obra pessoana está, de certo modo, ligada à forma como o desassossego é assimilado e exercitado pelo poeta português, que privilegia a constante e infinita capacidade dessa potência instável em alargar o horizonte do território de suas criações, experiências, bem como de suas reflexões, possibilitando a abertura ilimitada para a reflexão filosófica e para a criação poética.

IV

Embora não seja um dos trabalhos mais investigados pelos comentadores de Pessoa, seu *Fausto – tragédia subjetiva* ocupa um lugar de destaque tanto na gênese da consciência do desassossego, quanto na forma como o exercício filosófico será assimilado e desenvolvido pelo poeta português.[6] Conforme Pessoa,

> o conjunto do drama representa a luta entre a Inteligência e a Vida, em que a Inteligência é sempre vencida. A

> Inteligência é representada por Fausto, e a Vida diversamente, segundo as circunstâncias acidentais do drama. No 1º acto, a luta consiste em a Inteligência querer compreender a Vida, sendo derrotada, e compreendendo só que não pode nunca compreender a vida. Assim, este acto é todo disquisições intelectuais e abstractas, em que o mistério do mundo (tema geral, aliás, da obra inteira, pois que é o tema central da Inteligência) é repetidamente tratado. (Pessoa, 1991, p. 190)

Fausto, o protagonista desse drama, busca desesperadamente compreender o sentido da existência, porém em vão, pois esta excede constantemente às investidas do intelecto: "A Consciência de existir, tormento/ Primeiro e último do raciocínio/ Que, porém, filho dela, a não atinge./ A Consciência de existir me esmaga/ Com todo o seu mistério e a sua força/ De compreendida incompreensão profunda" (Idib., p. 53). Diante dessa impossibilidade, levado a refletir sobre o exercício e limitações da consciência, Fausto demora-se então numa espécie de "redução fenomenológica" da consciência, em que, passando a examinar seus fenômenos, reconhece que o conhecimento é incapaz de compreender de forma segura até mesmo a consciência que o sustenta.

Em busca de um conhecimento puro e imutável, independente das contingências da existência, em um movimento análogo à *redução transcendental* de Husserl (1859 – 1938), Fausto também tenta coincidir a consciência consigo mesmo. Nesse movimento, antes de alcançar tal saber, ele se depara com o vazio derivado dessa experiência radical do pensar que se dobra sobre si: "Hoje nenhuma imagem, nenhum vulto/ Evoco em mim... Só um deserto aonde/ Não a cor de um areal, nem um ar morto/ Posso sonhar... Mas tendo só a idéia,/ Tendo da cor o pensamento apenas,/ Vazio, oco, sem calor nem frio,/ Sem posição, nem direcção (...)/ Só o vazio lugar do pensamento" (Idib., p. 10). Carlos Felipe Moisés escreve sobre essa experiência cultivada na obra pessoana: "[Ele] conduz o pensamento à suprema rarefação de seu objeto, projetando-o na atmosfera da 'reflexão transcendental', de que fala Husserl, em que o pensamento se converte em objeto de si mesmo, para aí encontrar o que aí sempre esteve: a originária patência do nada" (Moisés, 1999, p. 71). Kujawski também destaca essa coincidência: "Vê-se, pois, como Fernando Pessoa, em sua febre de lucidez, andava próximo da consciência pura fenomenológica, pela mesma época em que a fenomenologia começa a ganhar terreno por obra de Husserl" (Kujawski, 1967, p. 53).

Sem ter contato com a fenomenologia, Pessoa percorreu, ao seu modo, um caminho similar aos autores dessa corrente. Além de seu Fausto, sua personalidade heteronímica Antonio Mora desenvolveu também reflexões que poderiam ser confundidas com a obra de algum fenomenólogo:

> A Consciência é para nós incognoscível; só podemos saber que ela é consciência. Mas não é só isto. Não pode ser conhecida, não há que haver conhecimento dela. Aquilo a que se chama "conhecimento" é uma coisa que só se pode ter do mundo exterior. Conhecer uma coisa é apreendê-la sob quantos aspectos ela comporta sob os nossos sentidos. Não pode portanto haver conhecimento da Consciência; porque, mesmo que conhecimento signifique propriamente consciência, não há consciência da consciência, por muito que pareça que a há. A consciência é. (Pessoa, 2006b, p. 7)

Ao explorar o modo como a consciência se constitui, Pessoa se deparou com o mesmo ponto de inflexão experimentado por Husserl em sua *redução transcendental*: a impossibilidade de estabelecer o conhecimento de uma consciência pura, pois a consciência será sempre a consciência de algo. Nas palavras do filósofo alemão: "a consciência tem de ser consciência de qualquer coisa, de trazer, na sua qualidade de cogito, o seu cogitatum em si próprio" (Husserl, 1996, p. 48). A partir desse ponto, o caminho tomado pelo poeta português se difere daquele percorrido por Husserl (e seus discípulos[7]), que continuou suas investigações sobre as estruturas da consciência e, em sua última obra, avançou seus estudos sobre o panorama histórico da filosofia e da ciência no Ocidente.[8] Pessoa, por sua vez, imergiu em uma experiência poética que, embora ultrapasse os limites formais da filosofia tradicional, não deixa de ser filosófica.[9]

A tragédia de Fausto não deriva apenas da frustração ante a limitação do conhecimento, mas também do descontrole da sanha especulativa de seu intelecto, que não deixa de maquinar, mesmo ciente de seu fracasso em compreender o mistério da existência: "O constante persistir/ Do mistério minha alma não me deixa/ Quieto o espírito, por meditar/ Que seja, meditando sempre (...) Assim como um ... engenho/ Que, abandonado, em vão trabalha ainda,/ Sem nexo, sem propósito, eu môo/ E remôo a ilusão do pensamento..." (Pessoa, 1991, p. 8-9). Com efeito, a hipertrofia do pensamento fáustico, que não é capaz de compreender totalmente a si e tampouco a existência, não permite que Fausto tenha a inconsciência necessária para viver a vida sem compreendê-la. Diante do fracasso de suas especulações e desse impasse criado pela desmedida de seu pensar, antes de distanciar-se dele, Fausto decide mergulhar de vez na experiência do pensamento, elegendo-o como instrumento e também como objeto da experimentação. A ausência de direção, substancialidade ou sentido, enfim, o vazio derivado dessa experiência radical do pensar que se dobra sobre si e nada encontra, conduzirá Fausto à consciência de que, no limite, o único conhecimento seguro possível é a consciência de que nenhum conhecimento seguro é possível.

Assim, tendo abandonado esse pensamento seguro, o Fausto pessoano se lança na experiência do *pensamento profundo,* prefigurada nos seguintes termos:

> Espanta-me/ De ver que há existência e existências./ E reflectindo perco-me em profundos/ Pensamentos, bases uns doutros ainda/ Mais profundos, até nada entender./ (...) Quanto mais fundamente penso, mais/ Profundamente me descompreendo./ O saber é a inconsciência de ignorar,/ Mesmo quem sabe muito nada sabe./ Quanto mais fundamente penso, sim,/ Mais fundamente me sinto ignorar,/ Mais fundamente sinto alguma coisa/ Além do que profundamente penso./ E é isto que dizer me faz: eu penso/ Profundamente. (Ibidem, p. 56, 68)

Deixando de lado a coerência lógica, o rigor, a clareza formal, enfim, mecanismos caros à filosofia tradicional, essa forma de *pensamento profundo* utiliza a incompreensão para projetar ainda mais fundo a sua disposição apreensiva. Fausto se interessa mais pelas experiências nascidas desse aprofundamento do que pela possibilidade de alcançar algum fundamento conclusivo. Nesse movimento, à medida que a compreensão se depara com as suas limitações e, assim, é desestabilizada pela incompreensão, o pensamento tende a se lançar cada vez mais fundo, pois a insatisfação com a inconclusa e misteriosa abertura manifestada pelo incompreendido provoca constantemente o seu exercício. Logo, a condição desse pensar está assentada no desassossego daquele que não se prende nem à afirmação dada pelo compreensível, nem à negação do incognoscível, transitando obliquamente através desses polos sem nunca encontrar um limite.

A hipertrofia do pensamento e a consciência da limitação do entendimento, duas experiências cruciais em Fausto, não aludem, portanto, apenas à derrota do intelecto diante da vida. Diretamente ligada à consciência de que o entendimento, no limite, é incapaz de dar conta da incompreensibilidade que envolve a existência, o desassossego de seu pensar é também responsável por conduzir Fausto ao incognoscível encontro com o Mistério: "Pensar fundo é sentir o desdobrar/ Do mistério" (Ibid., p. 13). Subtraída a possibilidade do pensamento se estabelecer por meio do conhecimento ou da consciência de si, esse pensamento profundo é caracterizado sobretudo por sua conduta de imersão em infinita inconclusão e pelo encontro com o Mistério, o horizonte irredutível, inacabado e incognoscível que tudo permeia:

> No caos do meu ser, onde jazem/ Juntamente com ele espectros negros/ De soluções passageiras, apavoradoras,/ Momentâneas, momentâneos/ Sistemas horrorosos pavorosos,/ Repletos de infinito. Formidáveis/ Não só por isto mas também por serem/ Falhados pensamentos e sistemas/ Que por falharem só mais negro fazem/ O poder horroroso que os transcende/ A todos, infinitamente a todos./ Oh horror! Oh mistério! Oh existência!/ Para que lado não me virarei/ Onde abrirei os olhos – olhos d'alma –/ Que o mistério não me atormente, e eu não avance tremendo para ele? (Ibid., p. 50)

À medida que o conhecimento passa a ser problematizado em vista de suas limitações, esse drama marca o início de uma relação crítica com a razão, que se estenderá por todo universo pessoano. Fausto é um homem moderno que experimenta a falência de elementos que sustentavam a sua modernidade. É no seio de compreensões caracteristicamente modernas que ele se situa e se aprofunda, mas para romper com elas. A ideia, por exemplo, de que o conhecimento tem uma função esclarecedora e, por assim dizer, progressista é corrompida pela consciência do Mistério. Em um momento decisivo do drama, presenciamos nosso protagonista concluir que quanto mais ele conhece, menos ele conhece. O conhecimento, em sua radicalidade, o conduz ao desconhecido e não àquilo que acreditamos ser o esclarecimento. Ou ainda, acompanhamos a consciência que Fausto tem de si, enquanto sujeito, ser diluída em diversas experiências, até desaparecer, engolida pelo Mistério. A própria presença persistente da subjetividade com todos seus elementos, como a individualidade do sujeito, os impulsos, as percepções, o intelecto, é reduzida enfim a uma misteriosa consciência do Mistério: "Tudo é mistério e o mistério é tudo" (Ibid., p. 52). É possível dizer que a experiência do Mistério marca todas as transformações manifestadas por Fausto e inaugura uma vivência distinta de sua vivência moderna pautada pelo esclarecimento. Enfim, as desventuras de Fausto revelam que a ideia, sobretudo iluminista, de homem moderno – sujeito autônomo que por meio do conhecimento supera a necessidade das narrativas míticas para sustentar a realidade – é também uma espécie de mito.

Se, por um lado, a falência das ambições de Fausto remete à limitação e à decadência do mito do esclarecido homem moderno, por outro, sua noção de Mistério tem um papel crucial na criação e sustentação de outros mitos. Sabemos que o projeto de *Fausto* antecede a maturação dos três principais heterônimos na obra de Pessoa e que, de certa forma, a abertura de horizonte por meio da desassossegada consciência do Mistério, instaurada nesse escrito, serve de preâmbulo para a heteronímia, porque fomenta uma conduta onde a urgência criativa se colocará como alternativa diante da impossibilidade de se estabelecer um fundamento que consolide qualquer especulação: "A negatividade em Pessoa não é uma negação, mas uma força produzindo mitos, que iludem o nada e o transforma em tudo" (Perrone-Moisés, 1982, p. 4). Tanto que em um texto sobre seu projeto heteronímico, Pessoa confessa: "Desejo ser um criador de mitos, que é o mistério mais alto que pode obrar alguém da humanidade" (Pessoa, 1966, p. 100).

V

O oxímoro expresso no verso inaugural do poema *Ulisses* sintetiza de forma exemplar como Pessoa pensa a potência do mito na dinâmica da composição do real: "O mito é o nada que é tudo" (Pessoa, *Mensagem*, p. 25). Conforme Jakobson, "*Ulisses* proclama o primado e a vitalidade do mito em relação à realidade" (Jakobson, 1978, p. 123). Nesse mesmo poema, ao retomar um dos mitos sobre a origem de Portugal, segundo o qual após o fim da Guerra de Troia, em sua errante jornada de volta para Ítaca, Ulisses teria navegado até o rio Tejo e fundado Lisboa, Fernando Pessoa expõe sua posição sobre a potência da linguagem na configuração do real: "Este, que aqui aportou,/ Foi por não ser existindo./ Sem existir nos bastou./ Por não ter vindo foi vindo/ E nos criou./ Assim a lenda se escorre/ A entrar na realidade,/ E a fecundá-la decorre" (Pessoa, *Mensagem*, p. 25).

Um dos desejos de Pessoa ao escrever *Mensagem*, livro em que foi publicado o poema *Ulisses,* era retomar e reformular mitos portugueses, sobretudo o do Sebastianismo[10], na tentativa de recriar uma nova realidade para Portugal por meio da transfiguração da alma do povo português[11], incitado por sua poesia místico-nacionalista. Tal ambição parecerá menos quimérica se considerarmos como a realidade da nossa sociedade ocidental tem sido pautada pelos mitos cristãos. Aliás, a racionalidade do sujeito, nos moldes cultivados por nossa tradição filosófica, tem a sua estreia vinculada à figura mítica do astucioso Ulisses[12], e ainda hoje é um dos princípios cardinais do homem ocidental em sua relação com o mundo. Como vimos com o *Fausto* pessoano, o exercício da racionalidade pode ser compreendido de várias formas, afora aquela autonomia esclarecedora – encarnada pelo herói homérico – celebrada como modelo por nossa sociedade. Em uma passagem do *Livro do Desassossego*, o poeta português sintetiza uma dessas possibilidades ao expor o ponto cego em que se assenta a atividade racional: "A razão é a fé no que se pode compreender sem fé; mas é uma fé ainda, porque compreender envolve pressupor que há qualquer coisa compreensível" (Pessoa, 1999, p. 188).

Pessoa se deteve longamente no desenvolvimento de reflexões e teorias sobre a composição da nossa consciência do real, e o universo concebido com sua obra é também, em certa medida, um exercício demiúrgico. Nesse turbilhão de pensamentos e poesias, a ideia de que a realidade é uma espécie de ficção que se fixou talvez seja uma de suas posições mais audaciosas e loquazes:

> Quanto mais contemplo o espectáculo do mundo, e o fluxo e refluxo da mutação das coisas, mais profundamente me compenetro da ficção ingénita de tudo, do prestígio falso da pompa de todas as realidades. E nesta contemplação, que a todos, que reflectem, uma ou outra vez terá sucedido, a marcha multicolor dos costumes e das modas, o caminho complexo dos progressos e das civilizações, a confusão grandiosa dos impérios e das culturas — tudo isso me aparece como um mito e uma ficção, sonhado entre sombras e esquecimentos. (Ibid., p. 152)

Ao considerar a realidade enquanto uma espécie de ficção que se fixou, Pessoa vê na linguagem a chave de formação e transformação do real. Longe de ser tratada apenas como um instrumento de comunicação, a linguagem em seu exercício criador revela-se em sua potência máxima, inflamada pelo encontro entre a fertilidade poética e a maquinação filosófica.

Em seu *Fausto*, na busca por compreender o sentido da vida, Pessoa se depara com a ausência irrestrita de sentido de toda e qualquer existência. Diante desse fato, o horror surtido em Fausto é visceral e abissal, tanto que ele se mata ao final do drama. Há quem diga que esse escrito marcou a escolha de Pessoa pela poesia e, também, um certo esgotamento com a filosofia[13]. A preferência pessoana pela poesia enquanto criação em detrimento de um tipo de filosofia como pura especulação, no entanto, não significa que o poeta tenha abandonado a filosofia. Ocorre que ele passou a valorizar cada vez mais o seu poder crítico, em detrimento de sua função esclarecedora. Conforme sua (in)definição de filosofia evidencia: "O caminho da Filosofia não é partir do conhecido para o desconhecido, mas do desconhecido no conhecido para o desconhecido em si mesmo" (Pessoa, 2006b, p. 20).

As experiências filosóficas pessoanas são indissociáveis de sua poética. Forma, conteúdo e intensidade se encontram em íntimo acordo, visto como são as potencialidades da linguagem poética que fecundam, permeiam e conduzem as suas experimentações filosóficas. A potência poética lhe conferiu um arcabouço original[14] e um horizonte ilimitado para manifestar experiências que a filosofia, em sua prática formal, normalmente encontraria dificuldades em exprimir. Ao ofuscar a linha que separa a filosofia da poesia, de um lado o poeta português pôde abandonar as preocupações com aspectos formais da filosofia (como a coerência lógica, o rigor, a clareza, enfim, modos de incorporar a reflexão), e de outro lado, conservando o essencial da atividade filosófica, foi capaz de transformar sua reflexão em poesia, bem como poesia em reflexão. Assim ele extrapola alguns domínios habituais da filosofia, colocando a possibilidade dessa extrapolação e seu fruto como problema para a própria filosofia, problema que por sua vez poderá ser novamente retomado por sua obra. Nesse horizonte, Pessoa passou a submeter o exercício filosófico aos desígnios de sua poética, criando assim condições próprias para o desenvolvimento de seu pensamento poético-filosófico, de seu universo e, quiçá, da realidade.

Ainda lá no seu *Fausto,* apelando para as figuras de Goethe e Shakespeare[15], Pessoa escreve sobre como a arte, o sonho, a inconsciência e uma certa loucura[16], estão envolvidas na criação do real e são necessárias para nos salvaguardar do horror, que a sanha perscrutadora da consciência diante da ausência de sentido da existência é capaz de provocar. Afinal "sem a loucura que é o homem/ Mais que a besta sadia,/ Cadáver adiado que procria?" (Pessoa, *Mensagem*, p. 42). Ciente da fecundidade do exercício originário da linguagem, aquele que "o discurso ingênuo dos selvagens nos obriga a considerar [e] que poetas e pensadores são os únicos a não esquecer" (Clastres, 2003, p. 143), Pessoa sonhava em ser um supra-Camões e "criar o supra-Portugal de amanhã" (Pessoa, 1980, p. 15). Afinal, se "somos contos contando contos, nada" (Pessoa, 1994, p. 168), não podemos nos esquecer também que "o mito é o nada que é tudo."

Notas

1 Em sua Tábua Bibliográfica, Pessoa escreve: "As obras heterónimas de Fernando Pessoa são feitas por, até agora, três nomes de gente — Alberto Caeiro, Ricardo Reis, Álvaro de Campos. Estas individualidades devem ser consideradas como distintas da do autor delas. Forma cada uma uma espécie de drama; e todas elas juntas formam outro drama" (Pessoa, 1993, p. 250).

2 Como veremos na conclusão desse ensaio, Pessoa retoma essa ideia ainda em uma outra variação desse poema de Ricardo Reis e também em um poema ortônimo de *Mensagem*, D. Sebastião Rei de Portugal.

3 As reflexões sobre o desassossego apresentadas aqui são, em parte, fruto de minha tese de doutorado: "O desassossego e o pensamento poético-filosófico de Fernando Pessoa", disponível em: https://www.teses.usp.br/teses/disponiveis/8/8133/tde-11122015-135031/pt-br.php

4 Considerando tal aspecto da obra pessoana, Seabra escreve: "estamos, com efeito, perante uma obra proteiforme, não apenas enquanto criação de uma pluralidade de linguagens, mas pelo seu apelo a uma pluralidade de leituras, tanto dos textos poéticos como dos textos críticos que os prolongam e repercutem" (Seabra, 1991, p. 17). Portanto, o desassossego não deve ser compreendido como um elemento de unidade na obra pessoana, ao contrário, sua incidência é justamente aquilo que está no cerne da dispersão, discrepâncias, instabilidade e pluralidade características da produção desse poeta.

5 Para Agamben: "Na poesia do século XX, talvez o documento mais impressionante de uma dessubjetivação – da transformação do poeta em um 'puro terreno de experimentação' do Eu – e de suas possíveis implicações éticas, seja a carta de Pessoa sobre os heterônimos" (Agamben, 2008, p. 121). Sobre essa experiência pessoana, Benedito Nunes escreve: "Em vez do núcleo da identidade pessoal, daquele objeto da consciência de si, no qual assenta o Cogito cartesiano, depara-se-nos um Eu cindido em entidades provisórias, nenhuma das quais é real. Essa cisão, na intimidade da consciência, vem agravar aquela outra que se produziu entre consciência e mundo. A subjetividade transforma-se numa sucessão de reflexos. O ser mesmo da consciência, o Eu, refazendo-se de momento a momento, e sem forma definida, torna-se presença vaga e espectral. Há um hiato, um vazio, intercalável entre o Eu, a que falta identidade, e a consciência de existir, inerente ao indivíduo que perdura" (Nunes, 1969, p. 218).

6 O projeto de *Fausto* antecede o nascimento dos heterônimos e boa parte da obra de Pessoa (o poema mais antigo, datado, que o compõe é de 1908), no entanto, o poeta continuou a escrevê-lo ao longo de sua vida (o fragmento que apresenta a data mais tardia é de 1933). Os escritos relativos ao *Fausto* de Pessoa contam com distintas edições, todas póstumas. Diferentes entre si, essas edições apresentam não apenas ordenações variadas para os escritos, mas também fazem diferentes seleções do conjunto de fragmentos envolvidos nesse projeto pessoano. Optamos aqui pela edição organizada por Teresa Sobral Cunha, intitulada *Fausto, tragédia subjectiva.*

7 Heidegger rompeu com Husserl e passou a tratar sobretudo de questões relativas ao Ser. Merleau-Ponty e Sartre levaram adiante o *Lebenswelt* husserliano e se focaram em questões relacionadas a existência e ao estruturalismo.

8 Ver *A Crise das Ciências Europeias.*

9 As considerações apresentadas a seguir, sobre o movimento do pensamento em *Fausto,* se encontram também, desenvolvidas de forma mais ampla, no seguinte ensaio: (CANDIDO, G. *Para além do curto vôo do entendimento: as experiências do pensamento no Fausto de Fernando Pessoa,* in revista Limiar, v.6, n.12. São Paulo: Unifesp, 2019).

10 O Sebastianismo é um movimento messiânico que anunciava o retorno de D. Sebastião, rei de Portugal, que desapareceu na batalha de Alcácer-Quibir em1578. Segundo a profecia sebastianista, D. Sebastião regressaria a Portugal para salvá-la de suas mazelas e levá-la a um novo apogeu de glórias e conquistas.

11 Conforme Zilda de Oliveira Freitas: "Ao apresentar-nos Ulisses como o 'fundador mítico de Lisboa' e D. Sebastião como 'o mítico fundador do Quinto Império', Fernando Pessoa eleva imaginariamente o seu país ao status de império cultural – como fora a Grécia – e império espiritual – como tem sido a Cristandade. (...) Na figura mítica do ardiloso herói grego, Fernando Pessoa encontra elementos que alimentarão sua obsessiva busca histórica a respeito da emergência da nacionalidade portuguesa" (Freitas, 2016, p. 341).

12 É possível compreender Ulisses como o herói que representa a *antecipação alegórica do triunfo da razão.* Nas palavras de Franklin Leopoldo e Silva: "A astúcia representa em Ulisses a tomada de consciência, pelo homem, de que ele pode vencer a natureza e o sobrenatural por via de uma força especificamente humana. (...) Neste sentido, a *Odisséia* foi analisada por Adorno e Horkheimer como a alegoria da supremacia da razão humana sobre as forças naturais e até mesmo sobrenaturais (...) A astúcia de Ulisses seria a primeira figura da razão e do seu papel de dominar o irracional, ou aquilo que em princípio se lhe opõe. E as vitórias de Ulisses podem ser entendidas, alegoricamente, como a demonstração de que a razão é capaz de superar todos os obstáculos e impor-se como o único critério de relação com o mundo, critério que mostra ao mesmo tempo a supremacia da razão" (SILVA, F. L. *Mito e razão na "Odisséia"*, em Portal Arethusa).

13 José Gil escreve sobre a intrincada relação entre *Fausto*, as especulações filosóficas e a poesia em Pessoa: "todo *Fausto* não faz mais, afinal, do que mostrar como a preocupação (raciocinante e argumentadora) da metafísica absorve a infinita multiplicidade das sensações (que alimentam a poesia). (...) O pensamento filosófico que aparece no Fausto tem uma outra importância para a compreensão da obra de Pessoa: permite talvez entender o brusco corte que sofreram as intensas investigações filosóficas do autor, aí por volta de 1912 (data do nascimento dos heterônimos). Com efeito, os manuscritos filosóficos, que vão de notas de leitura a 'tratados', passando por reflexões avulso, ganham coerência vistos a partir do Fausto. Como se essa enorme actividade filosófica tivesse desembocado no pensamento de Fausto (com a aparência do sistema ou, pelo menos, com um núcleo sólido); e que, enfim, 'liberto' da metafísica (mas 'integrando-a' de diversas maneiras), o poeta heteronímico pudesse nascer" (Gil, 1994, p. 34).

14 Kant sugere uma relação entre poesia e filosofia que talvez nos ajude a compreender a condição de Pessoa, porquanto este inaugura uma forma de pensar que demanda a tessitura de recursos próprios que são possíveis graças a essa fusão entre poesia e filosofia. Conforme o filósofo alemão: "os primeiros filósofos foram poetas. É que foi preciso tempo até descobrir palavras para os conceitos abstratos; por isso, no início, os pensamentos supra-sensíveis eram representados sob imagens sensíveis [...] Em virtude da pobreza da linguagem naquela época só se podia filosofar em poesia" (Kant apud Suzuki, 1998, p. 55).

15 Lemos nos fragmentos de *Fausto*: "Goethe: Do fundo da inconsciência/ Da alma sobriamente louca/ Tirei poesia e ciência/ E não pouca./ Maravilha do inconsciente!/ Em sonhos sonhos criei,/ E o mundo atónito sente/ Como é belo o que lhe dei." "Shakespeare: E é a loucura a inspiração!" (Pessoa, 1991, p. 36).

16 Esse será um tema retomado por ele em diversos outros momentos. Em suas correspondências e em seus escritos sobre *O Gênio e a Loucura*, por exemplo, Pessoa considerou sofrer de problemas psíquicos. Contudo, ele pensa essa anormalidade como uma condição normal e fala de uma combinação que diferencia apenas relativamente o gênio da loucura: "A loucura, longe de ser uma anormalidade, é a condição normal humana. Não ter consciência d'ella, e ella não ser grande, é ser homem normal. Não ter consciência d'ella, e ella ser grande, é ser louco. Ter consciência d'ella e ella ser pequena é ser desilludido. Ter consciência d'ella e ella ser grande é ser genio" (Pessoa, 2006a, p. 154).

Referências

AGAMBEN, G. *O que resta de Auschwitz*. São Paulo: Boitempo Editorial, 2008.

BADIOU, A. *Pequeno manual de inestética*. São Paulo: Estação Liberdade, 2002.

BARBARAS, R. "Fenomenologia e Literatura: a não filosofia de Fernando Pessoa" *In: Investigações Fenomenológicas*. Curitiba: Editora UFPR, 2011.

CLASTRES, P. *A sociedade contra o estado*. São Paulo: Cosac e Naify, 2003.

FREITAS, Z. O. *O mito de Ulisses em Mensagem de Fernando Pessoa*. in Revista Entrelinhas, no. 10 vol. 2. Rio Grande do Sul: Unisinos, 2016.

GIL, J. *O Espaço Interior*. Lisboa: Editora Presença, 1994.

HUSSERL, E. *A crise da humanidade européia e a filosofia*. Introdução e Tradução de Urbano Zilles. Porto Alegre: Edpucrs, 1996.

__________. *Meditações cartesianas: introdução à fenomenologia*. Tradução Maria Gorete Lopes e Souza. Porto: Rés, 2001.

JAKOBSON, R. "Os oxímoros dialéticos de Fernando Pessoa". In: JAKOBSON et al. *Textos selecionados – Os Pensadores*. 2. ed. São Paulo: Abril Cultural, 1978.

KUJAWSKI, G. *Fernando Pessoa e o Outro*. São Paulo: Imprensa Oficial, 1967.

MOISÉS, C. F. *O Poema e as Máscaras*. Florianópolis: Letras Contemporâneas, 1999.

NUNES, B. *O dorso do tigre*. São Paulo: Editora Perspectiva, 1969.

PERRONE-MOISÉS, L. *Aquém do eu, além do outro*. São Paulo: Martins Fontes, 1982.

PESSOA, F. *Alguma Prosa*. 5ª. ed. Rio de Janeiro: Nova Fronteira, 1990.

__________. Álvaro de Campos – Poesia Completa. São Paulo: Companhia das Letras, 2002.

__________. *Escritos autobiográficos, automáticos e de reflexão pessoal*. São Paulo: A Girafa, 2006.

__________. *Escritos sobre Génio e Loucura I*. Ed. Jerónimo Pizarro. Lisboa: Imprensa Nacional, 2006.

__________. *Fausto, Tragédia Subjetiva*. Rio de Janeiro: Nova Fronteira, 1991.

__________. *Livro do Desassossego* 2ª. ed. Organização e introdução por Richard Zenith. São Paulo: Companhia das Letras, 1999.

__________. *Mensagem*. Lisboa: Ática, 1979.

__________. *Páginas Íntimas e de Auto-Interpretação*. Textos estabelecidos e prefaciados por Georg Rudolf Lind e Jacinto do Prado Coelho. Lisboa: Ática, 1966.

__________. *Pessoa Inédito*. Prefácio de Teresa Rita Lopes. Lisboa: Livros Horizonte, 1993.

__________. *Pessoa por Conhecer -Textos para um Novo Mapa*. Ed. Teresa R. Lopes. Lisboa: Estampa, 1990.

__________. *Poemas de Ricardo Reis*. Ed. Crítica de Luiz Fagundes Duarte. Lisboa: Imprensa Nacional, 1994.

__________. *Presença*, nº 17. Coimbra: Dez. 1928 – ed. facsimil. Lisboa: Contexto, 1993.

__________. *Textos de Crítica e de Intervenção*. Lisboa: Ática, 1980.

__________. *Textos filosóficos*, 2 vols. Textos estabelecidos e prefaciados por Antônio de Pina Coelho. Lisboa: Nova Ática, 2006.

SEABRA, J. A. *Fernando Pessoa ou o poetodrama*. 2ª. ed. São Paulo: Editora Perspectiva, 1991.

SILVA, F. *Mito e razão na "Odisséia"* in http://arethusa.fflch.usp.br/node/36 consulta 21/03/2018.

SUZUKI, M. *O gênio romântico*. São Paulo: Iluminuras, 1998.

A historicidade da antropofagia

Pedro Duarte

Preâmbulo

Textos costumam ter datas. Com elas, nós os situamos na história. Entretanto, quando o fazemos, costumamos pensar a história como uma situação que é exterior ao próprio texto. Ou seja, situamos o texto na história, mas nem sempre situamos a história do texto. Pois cada texto, além de pertencer a uma história, é também criador de uma história. Por um lado, há a data em que um texto foi escrito. Por outro lado, existem os tempos que o próprio texto reivindica para si.

Cronologicamente, a data fundamental para se pensar sobre o que é a antropofagia, especialmente no Brasil, é 1928. Foi o ano em que o poeta, romancista e crítico Oswald de Andrade escreveu o *Manifesto antropófago*, no contexto do movimento vanguardista que foi o Modernismo. O que ele chama de antropofagia, ali, é uma metáfora – que combina, na prosa do manifesto, filosofia e poesia, reflexão e invenção – tomada a partir da prática canibal concreta de índios: seres humanos que comiam seres humanos com o objetivo de, assim, apropriarem-se de qualidades daqueles que eram comidos. Não se tratava, evidentemente, de recomendar sua retomada real, mas de sugerir uma forma de pensar a constituição da cultura no Brasil, orientada não pela preservação de sua pureza interna idêntica a si mesma, mas pela devoração do que é alheio para se transformar.

No entanto, a data de 1928 não é tudo. Pois o que dá à metáfora da antropofagia sua peculiar força é que no manifesto de Oswald se adensa uma historicidade mais complexa: o tempo sem cronologia linear de tribos indígenas; os ensaios de Michel de Montaigne no século XVI; a atitude das vanguardas europeias no começo do século XX; a interpretação dessa metáfora que os poetas concretos fizeram na década de 1950; a criação de obras radicalmente antropofágicas já no final dos anos 1960, especialmente com o Tropicalismo. Nesse sentido, o texto do *Manifesto antropófago*, tal como diria o filósofo Walter Benjamin, funda a sua pré e pós-história (Benjamin, 1988, p. 68). Neste artigo vou alinhavar duas pontas que, em meus trabalhos sobre o Modernismo e o Tropicalismo, permitiram-me enxergar esse contato de passado e futuro que se entrelaçam na ideia de antropofagia até hoje.[1]

1
Modernismo

O *Manifesto antropófago*, de Oswald de Andrade, é um exemplo poderoso da temporalidade modernista. Lendo o texto, chama a atenção a ênfase no futuro, traduzida na vontade de fazer uma Revolução Caraíba, colocada ao lado, ou melhor, acima da Revolução Francesa e do Romantismo, da Revolução Bolchevista e da Revolução Surrealista. Revolução é o signo do desejo moderno de futuro, por isso marcava presença já no *Manifesto comunista*, de Marx e Engels. Ela devia superar a tradição graças a uma ruptura da história que deixaria vir o futuro. O elogio do roteiro, repetido sete vezes no *Manifesto antropófago*, não é só uma referência moderna ao cinema, mas aos planos futuros feitos pelo presente.

Se isso fosse tudo, porém, o manifesto modernista brasileiro perpetuaria a visão das filosofias da história do século XIX, como por exemplo a de Karl Marx. Teríamos, então, apenas a repetição, em terras tropicais, de um esquema mental bem conhecido da Europa, segundo o qual a dialética da história faria do passado uma tese inicial, que seria rompida através da antítese de uma revolução presente, que por sua vez levaria até a síntese utópica futura – um mundo melhor. Todo o otimismo do século XIX, confiante na razão e na técnica, sofre abalos, entretanto, no século XX, e os movimentos estéticos são especialmente sensíveis a eles, o que os fez conceber o tempo de outro modo. Por isso, a revolução que o Modernismo e Oswald de Andrade imaginaram ganhou feições particulares, responsáveis pelo que a vanguarda brasileira tem de surpreendente sob este aspecto.

O que é a Revolução Caraíba, fantasiada por Oswald? Caraíba é um termo que designa povos indígenas habitantes do norte e nordeste da América do Sul – inclusive em territórios do Brasil, entre o Rio Oiapoque e o Rio Orinoco. Os caraíbas, índios antropófagos, teriam sido os primeiros nativos a ter contato com espanhóis no fim do século XV, na época em que eles chegaram ao continente desde então chamado de América. Não se trata, aqui, de entrar em detalhes antropológicos dessa referência,[2] mas de perceber que o nome da revolução buscada por Oswald de Andrade apontava para um certo passado. Menciona um povo que foi escravizado e morto pela colonização europeia, ela sim uma tentativa de atropelar o que achou nas novas terras em nome do seu próprio futuro.

Oswald, portanto, tomava emprestada a ideia europeia de revolução, que aponta para o futuro, mas a preenchia, de modo surpreendente, com o conteúdo que o projeto colonial também europeu tentara deixar para trás, no passado, isto é, um conteúdo da cultura indígena. Eis a combinação propositalmente paradoxal da utopia do *Manifesto antropófago*. O futuro da revolução traria o passado que a colonização moderna tentou apagar. Não é, contudo, um passado determinado e empírico, e nem tirado de um folclore caricato – este seria o que Oswald ataca de modo explícito, chamando de "índio de tocheiro". O passado a que ele remete diz respeito a um "mundo sem datas" (Andrade, 1995, p. 50). Trata-se portanto de uma subversão do tempo cronológico das datas contadas. É somente através dessa operação que o passado supostamente esquecido pode tornar-se o destino futuro.

> Queremos a Revolução Caraíba. Maior que a Revolução Francesa. A unificação de todas as revoltas eficazes na direção do homem. (...) A idade de ouro anunciada pela América. A idade de ouro. (...) O contato com o Brasil Caraíba. (...) Montaigne. O homem natural. Rousseau. Da Revolução Francesa ao Romantismo, à Revolução Bolchevista, à Revolução Surrealista e ao bárbaro tecnizado de Keyserling. Caminhamos. (Andrade, 1995, p. 48)

Esse mundo sem datas, procurado poeticamente pela utopia de Oswald de Andrade, bagunça portanto a temporalidade de um progresso cronológico linear, como aquele defendido pelas filosofias modernas da história do século XIX, casos de Hegel e de Marx. Embora dialético, esse progresso permanecia guiado só pelo avanço em uma direção: o futuro. No caso do *Manifesto antropófago*, a técnica do futuro seria combinada com o bárbaro do passado, e a revolução combinada com o homem natural. Oswald chega até a marcar uma nova data para a fundação do Brasil: não mais o momento em que Pedro Álvares Cabral atracou com suas naus na parte sul da América, mas sim o ano em que o bispo Sardinha, na Bahia, acabou devorado pelos índios nativos (Andrade, 1995, p. 52).

O país teria o passado remarcado cronológica e simbolicamente. Começara não com a chegada dos portugueses, e sim com a sua transformação antropofágica em alimento para quem estava nessa terra. Escrito no presente, portanto, o manifesto brasileiro pretendia, com a sua intervenção voraz na cultura, sugerir um futuro diferente do esperado, mas somente a partir da definição de um passado que também é novo, e do qual, aí sim, derivaria esse futuro. O movimento é simultaneamente para o passado e para o futuro.

Essa utopia de Oswald de Andrade pode pecar, às vezes, pela ingenuidade, como quando defende que "antes dos portugueses descobrirem o Brasil, o Brasil tinha descoberto a felicidade" (Andrade, 1995, p. 51). É a idealização de uma era de ouro perfeita o que aparece aqui, lançada não para diante, e sim para trás. Seria preciso entender, no entanto, que essa menção, mesmo que ingênua, estava colocada em um contexto específico, a fim de servir de contraste crítico frente ao projeto colonial da Europa, especificamente de Portugal, sobre o Brasil. Oswald queria, assim, botar o dedo na ferida do "erro de português", e não apenas no sentido linguístico.

> Quando o português chegou
> Debaixo de uma bruta chuva
> Vestiu o índio
> Que pena!
> Fosse uma manhã de sol
> O índio tinha despido
> O português. (Andrade, 1971, p. 177)

Em suma, a referência feita à felicidade pré-colonial perdida tem, aqui, um papel de resistência anti-imperialista, assim como no *Manifesto antropófago*. Por isso, a Revolução Caraíba, dela derivada, seria uma "vingança tribal imaginária" (Nunes, 1995, p. 28) do Brasil, para usar os termos de Benedito Nunes. Esta vingança é dirigida contra as sublimações (como as roupas europeias impostas no calor tropical) que, para Oswald, foram "trazidas pelas caravelas" (Andrade, 1995, p. 50), ou seja, por Santa Maria, Pinta e Nina, com as quais Cristovão Colombo chegou da Europa ao dito Novo Mundo.

Nesse sentido, a revolução modernista não é apenas solidária ao progresso, é também crítica a ele. Isso foi uma marca dos movimentos estéticos de vanguarda em todo o mundo. Se a palavra revolução originalmente dizia respeito ao tempo cíclico do giro dos astros e só depois passou a designar uma ruptura radical transformadora, a arte moderna conjugou a "ambiguidade da revolução: sua face nos mostra os traços míticos do tempo cíclico e os traços geométricos da crítica, a antiguidade mais antiga e a novidade mais nova" (Paz, 1984, p. 50), conforme observa Octavio Paz. Não é outro o significado da Revolução Caraíba, e por isso ela se alinha, com originalidade mas ao mesmo tempo sem problemas, na história da arte e da poesia modernas, que, a cada vez que procurou o progresso através da crítica do passado, também criticou o próprio progresso, apontando para um passado mais atrás no tempo do que aquele que deveria ser superado.

> Crítica da crítica e suas construções, a poesia moderna desde os pré-românticos procura fundamentar-se em um princípio anterior à modernidade e antagônico a ela. Esse princípio, impermeável à mudança e à sucessão, é o

> começo do começo de Rousseau. Mas é também o de Adão de William Blake, o sonho de Jean Paul, a analogia de Novalis, a infância de Wordsworth, a imaginação de Coleridge. Qualquer que seja o seu nome, esse princípio é a negação da modernidade. (Paz, 1984, p. 21)

Poderíamos juntar – ao Adão de Blake, ao sonho de Jean Paul e à analogia de Novalis – o índio caraíba, de Oswald. Esse índio situa-se aquém do tempo, no começo antes do começo: uma pré-história civilizacional, não por ser inferior ou preparatória, e sim por escapar da história da civilização moderna, podendo, por isso, servir para fazer a crítica desta. Não por acaso, a infância e a imaginação são valorizadas. Eram opostas à razão instrumental do progresso. Os artistas sabiam que, na sua revolução, "o velho de milênios também pode atingir a Modernidade: basta que se apresente como uma negação da tradição e nos proponha outra" (Paz, 1984, p. 20), conforme asseverou Octavio Paz. O primitivismo era, para os poetas, um meio de mudar a tradição, enquanto, para economistas, um obstáculo a ser superado.

O Modernismo, no Brasil também, foi filho rebelde da Modernidade. Como a civilização moderna ocidental fizera da crítica o seu epicentro, a fim de mover o progresso, a poesia moderna torna-se crítica apenas na medida em que é crítica da própria crítica como motor do progresso, ou seja, uma surpreendente negação interna da época moderna. Por isso, a revolução de Oswald precisa ser caraíba. É o princípio do mundo sem datas que permitia pensar um outro projeto moderno para a existência presente, em vez de seguir a sucessão evolutiva em pleno curso segundo os comandos de uma Europa já àquela altura assumidamente em crise – o que as vanguardas estéticas em geral apontavam a toda hora.

Respondendo a essa crise civilizacional desde o final do século XIX, estava a filosofia de Friedrich Nietzsche, que apresentava a mesma articulação temporal das vanguardas posteriores. Seu pensamento atacava a tradição ocidental desde a Grécia de Sócrates até o presente. Tal crítica sustentava-se por um contraponto ao passado pré-moderno e pré-metafísico da Grécia trágica, de Sófocles, quando os princípios do equilíbrio apolíneo e da desmesura dionisíaca conviviam sem o racionalismo socrático, este que depois guiaria a história ocidental (Nietzsche, 1992). Recorrer a um passado anterior à Modernidade para criticá-la pelo contraste aí encontrado foi, portanto, um esquema filosófico típico, desde o Romantismo e Nietzsche (Andrade, 1992, p. 101-102).

O esforço de Oswald de Andrade na valorização da cultura indígena para o futuro revolucionário, portanto, não era solitário e nem pioneiro. Basta lembrar a voga do primitivismo entre os séculos XIX e XX: máscaras africanas no Cubismo de Picasso, pintura de Henri Rousseau, viagens de Paul Gaughin ao Taiti. Francis Picabia escreveu o *Manifesto canibal* em 1920. Longe de apenas seguir uma moda europeia, porém, Oswald e os modernistas encontram-se, pelo primitivismo, com o próprio Brasil, já que aqui, conforme perceberia Antonio Candido, "as culturas primitivas se misturam à vida cotidiana ou são reminiscências ainda vivas de um passado recente", portanto, completaria ele, "as terríveis ousadias de um Picasso, de um Brancusi, um Max Jacob, um Tristan Tzara, eram, no fundo, mais coerentes com a nossa herança cultural do que com a deles" (Candido, 2000, p. 121). Toda essa voga estrangeira procurava um primitivismo entre nós já achado, porque presente ainda.

Como se daria, porém, a afirmação do outro estrangeiro pelo Brasil? Não é pela hospitalidade, ou por qualquer ideia moral agradável. É pelo gesto violento da antropofagia, como metáfora cultural. Como já se disse, a prática concreta era típica de índios do Brasil: comer o inimigo para se apoderar das suas qualidades. Literalmente, o objetivo é incorporar o que o outro tem de melhor. Oswald busca tal imagem, contudo, nos ensaios de Montaigne, no século XVI portanto, num capítulo em que trata dos canibais. Escritos à época da "descoberta" do Novo Mundo, sob o impacto das notícias acerca dos hábitos dos índios, eles narram saborosamente seus rituais, mas sem estigmatizá-los.

> Depois de tratarem bem de seus prisioneiros por longo tempo e com todas as comodidades (...) o chefe faz uma grande reunião de seus conhecidos; amarra em um dos braços do prisioneiro uma corda, por cuja ponta o segura, a alguns passos de distância, por medo de ser ferido, e dá ao mais querido de seus amigos o outro braço para ser segurado da mesma forma; e ambos, em presença de toda assembléia, liquidam-no a golpes de espada. Feito isso, assam-no, comem dele em comum e enviam pedaços aos amigos que estiverem ausentes. (Montaigne, 2002, p. 312-313)

Oswald de Andrade encontra aí uma espécie de programa de relações exteriores: primeiro, combater a ex-metrópole Europa, que se sobrepõe na cultura; segundo, não matar, mas aprisioná-la, olhá-la e até tratá-la bem, embora com distância, para não ser ferido; terceiro, matá-la; mas não acaba aí, e o quarto passo é o decisivo – devorá-la, não por necessidade biológica, mas para inverter o fenômeno de apropriação. Chama atenção que, ao buscar uma fórmula de acesso positivo ao mundo ocidental dito civilizado, Oswald recorra metaforicamente a um costume dito bárbaro: o canibalismo. Sua ousadia é grande: o projeto civilizacional brasileiro teria numa operação bárbara o seu móbile.

Oswald, sob influência de Montaigne, é antropologicamente relativista. O ensaísta francês escreveu, antecipando o relativismo antropológico que surgiria no século XX com Claude Lévi-Strauss: "não há nada nessa nação de bárbaro e de selvagem, pelo que me contaram, a não ser porque cada qual chama de barbárie aquilo que não é de seu costume" (Montaigne, 2002, p. 307). Valorizar, como Oswald, um hábito supostamente bárbaro era a estratégia teórica, mas também política, de crítica à civilização já instituída. O Modernismo não foi só moderno. Foi crítico da Modernidade. O índio nu é uma figura para a diferença do Brasil frente ao moralismo pudico da roupa que precisa cobrir os corpos, mas não o exotismo gratuito do folclore.

No *Manifesto da poesia pau-brasil*, de 1924, Oswald já pensava, sem dar o nome, na antropofagia. "Wagner submerge ante os cordões de Botafogo", afirma, "bárbaro e nosso". Canibalizado, o Wagner alemão vira Carnaval brasileiro. Teria destino mais apropriado? Não se tratava de elogiar a barbárie, e sim de desvelar uma alteridade à civilização ocidental-europeia, pela qual ela pode ser apropriada de novo modo, mas não negada. Oswald busca o "bárbaro tecnizado" (Andrade, 1995, p. 48), isto é, a tecnologia moderna é barbaramente devorada na constituição brasileira. Deve-se juntar a floresta e a escola, não as separar. "Um índio", como cantou muito depois Caetano Veloso, não é o exótico, é "mais avançado que a mais avançada das mais avançadas das tecnologias". O índio não está no passado, mas no futuro.

"Só a antropofagia nos une", escreve Oswald de Andrade, em 1928. O que junta o Brasil numa unidade não é sua essência. É comer toda essência. Estamos numa ontologia que se despedaça com o ato de devorar. Pelo que conta Antonio Candido, Oswald teria uma vez dito que "em nossa era de devoração universal o problema não é ontológico, é odontológico" (Candido, 1977, p. 72). O trocadilho sugeria que, se a ontologia buscava o ser como uma identidade fixa universal, formulava o problema erroneamente, porque universal mesmo é devorar identidades fixas. Pensar o ser do Brasil não exigiria ontologia, e sim odontologia, os dentes afiados para devorar o outro. Pela antropofagia, o exterior é interiorizado, mas este, uma vez constituído por aquele, também não é mais o mesmo, e se torna exterior. Se o fora vira o dentro, o dentro vira o fora. O mar vira sertão, o sertão vira mar.

2
Tropicalismo

Os tropicalistas fizeram na música dos anos 1960 as obras antropofágicas mais radicais da história das artes brasileiras. Os modernistas tinham elaborado antes a metáfora da antropofagia para designar que o Brasil, em vez de se afastar das culturas estrangeiras, toma gosto por elas e as come para torná-las parte de si. Mas nem eles tiveram apetite assim. Não foi portanto só o Tropicalismo que se filiou à antropofagia, e sim a antropofagia que através dele tornou-se na prática o que ela é. Oswald de Andrade, com o *Manifesto antropófago* em 1928, soltou uma flecha cujo verdadeiro arco, paradoxalmente, apareceria só quatro décadas mais tarde. O Tropicalismo não foi apenas o alvo atingido pela flecha antropofágica na ordem cronológica do tempo. Foi o arco que, pela ordem histórica do sentido, fez da antropofagia o que ela nunca tinha sido até então e nunca teria sido por si só. José Guilherme Merquior dizia que a antropofagia na sua própria época foi "mais teórica do que realizada em obras definitivas"

(Merquior, 1972, p. 180-181). No ideário dos modernistas, ela formulou de modo sagaz o contato modernizante do Brasil com o Ocidente. Não fosse a Tropicália, porém, seria apenas um capítulo do Modernismo nacional.

Não houve, aliás, sequer uma causalidade entre as criações tropicalistas e o conhecimento mesmo da ideia de antropofagia. Músicos como Caetano Veloso e Gilberto Gil já estavam criando as suas canções quando familiarizaram-se com o *Manifesto antropófago*. Isso aconteceu graças ao seu convívio com outras formas de arte naquela época. Especificamente, a encenação feita pelo Teatro Oficina, de José Celso Martinez Correa, em 1967, da peça *O rei da vela*, de Oswald, chamou a atenção dos tropicalistas para essa obra do autor. Caetano conta que, ao assistir a montagem, Zé Celso tornou-se logo aos seus olhos tão grande quanto o cineasta Glauber Rocha, embora o seu verdadeiro encontro ali tivesse sido com Oswald (Veloso, 1997, p. 242). Estava sendo coroado um processo no qual sua obra foi tirada do esquecimento, pioneiramente com os críticos e poetas concretos de São Paulo desde 1956 (Campos, 2015, p. 260-262), em especial os irmãos Augusto e Haroldo de Campos. Nas artes plásticas, em breve o Neoconcretismo de Hélio Oiticica e Lygia Clark também descobriria Oswald, bem como o Teatro Oficina. Finalmente, os tropicalistas chegariam a ele. Em todos os casos, ficaria claro entretanto que, da obra de Oswald, o mais revelador não era o teatro, e talvez nem os romances e poemas, mas as ideias do *Manifesto da poesia pau-brasil* de 1924 e, sobretudo, do *Manifesto antropófago* de 1928. Caetano diria que eles foram um "tratamento de choque" (Veloso, 1997, p. 246) no seu pensamento.

O privilégio dos manifestos sobre a obra teatral, romanesca ou poética de Oswald comprova a tese de que a sua prática antropofágica ficou aquém da força teórica. Mesmo

Augusto de Campos sublinharia, em 1975, que a antropofagia é "a única filosofia original brasileira" (Campos, 1978, p. 124). Nesse sentido, o conceito de antropofagia se delineia no Modernismo, mas sua consumação na prática artística atinge o ponto máximo só com o Tropicalismo. Caetano chamou a antropofagia de "intuição" (Veloso, 1997, p. 241) e de "visão" (Veloso, 1997, p. 248), como se faltasse a ela concreção e realização. Os tropicalistas é que as conquistariam, já que "a ideia do canibalismo cultural servia-nos, aos tropicalistas, como uma luva", conforme logo observou Caetano, "estávamos 'comendo' os Beatles e Jimi Hendrix" (Veloso, 1997, p. 247). Nessa medida, a operação cosmopolita em curso na poética tropicalista – e condenada por boa parte da esquerda cultural da época – pela qual o rock estrangeiro servia de alimento para a música popular brasileira encontrou no conceito de Oswald sua explicação teórica.

O encontro com a ideia de antropofagia fazia sentido para o Tropicalismo porque, de acordo com ela, o Brasil não deveria copiar modelos estrangeiros no seu projeto civilizatório e tampouco, contudo, fechar-se na preservação pura do seu ser. Entre a internacionalização das reformas de Pereira Passos no início do século XX que tentavam fazer da capital federal, o Rio de Janeiro, uma espécie de Paris nos trópicos e o nacionalismo ufanista do movimento verde-amarelo ou da Escola da Anta, de Plínio Salgado, os modernistas conceberam outras vias para se pensar a relação do Brasil com o mundo. No caso de Oswald, a principal foi esta: a antropofagia. Recusava-se a bifurcação, tão comum no país, entre emular o que é de fora ou então ignorá-lo: nem macaco de imitação e nem avestruz. No que diz respeito à canção popular do fim da década de 1960, exagerando nas tintas, nem o iê-iê-iê de Roberto Carlos e nem o samba de raiz. Gil, na época, criticava a volta, depois da Bossa Nova de João Gilberto, de "coisas que tivessem nascido no nosso próprio terreno" (Neto, 1974, p. 190), como samba de morro, música de protesto ou caipira. O Tropicalismo era antropofágico pois queria usar coisas nascidas em qualquer terreno para criar algo diferente no nosso. O gesto era de abertura.

O espírito antropofágico foi decisivo para a consciência de um movimento cultural, e não só musical, formada na década de 1960. Nas artes plásticas, Hélio Oiticica afirmava, em 1967, procurar uma "superantropofagia", capaz de abolir o colonialismo cultural pela sua absorção numa vontade construtiva geral (Oiticica, 2006, p. 155). Logo, ele caracterizaria o próprio penetrável *Tropicália*, do mesmo ano e que batizou o movimento, como "a obra mais antropofágica da arte brasileira", dada a sensação que se teria nele "de estar sendo devorado" (Oiticica, 2007, p. 240). O tradicional espectador, passivo, era obrigado a penetrar na obra ambiental e se deparar, ao fim, com uma televisão, o que sinalizava que, agora, a antropofagia estava diante da tecnologia moderna de comunicação de massas. Lygia Clark, em breve, criaria a *Baba antropofágica*, por sua vez. No cinema, Glauber Rocha também aderiria à antropofagia a partir do que os tropicalistas faziam. "O Tropicalismo, a descoberta antropofágica", escreveria, "foi uma revelação: provocou consciência, uma atitude diante da cultura colonial que não é uma rejeição à cultura ocidental" (Rocha, 2007, p. 276). Não o é pois a devora, ao invés de rejeitá-la. Joaquim Pedro de Andrade fez uma adaptação antropofágica da rapsódia *Macunaíma*, de Mário de Andrade, para o cinema. Junto com Zé Celso no teatro, estava dada uma atitude antropofágica na cultura.

Nesse contexto, a antropofagia serviu de denominador comum para que o movimento tropicalista se fixasse na cultura em geral, transcendendo o nicho da música. Era essa ideia vinda do Modernismo que atrelava pessoas tão diferentes como o estudioso Augusto de Campos na poesia e o impulsivo Zé Celso no teatro. No livro *Verdade tropical*, Caetano lembra que fora rejeitado pelos sociólogos da esquerda e pelos moralistas da direita, ou seja, pelo caminho mediano da razão, porém atraíra e fora atraído pelos ultra-racionalistas, como os poetas concretos, e pelos irracionalistas, como Zé Celso ou Jorge Mautner, o que se explicaria pela presença comum em todos eles da figura modernista de Oswald de Andrade (Veloso, 1997, p. 245). O movimento que se gestou nos anos 1960 chegaria, entretanto, mais longe até que o seu predecessor dos anos 1920. "O fato é que Caetano foi mais além de Oswald, inclusive por ser filho de outra época" (Rocha, 2008, p. 147), pontuava Glauber. O que era promessa agora se cumpria. Hélio já assinalara que precisávamos não só de antropofagia, e sim de superantropofagia: devorar o mundo a partir do Brasil, o passado a partir do presente, fundando uma historicidade particular pela cultura.

Por isso, os tropicalistas citariam a Coca-Cola em suas letras, aceitariam o ritmo do rock e importariam seus instrumentos, como a guitarra elétrica, para a música popular brasileira. Na comovente canção *Baby*, Gal Costa aconselha: "você precisa aprender inglês". E os componentes da vida de consumo são tratados com doçura, sublinhada pelo belo arranjo de cordas[3] com ritmo 6/8. É uma singela antropofagia de tom romântico. "Você precisa tomar um sorvete na lanchonete". No fim, em inglês mesmo: "I love you". Sem pruridos nacionalistas, as expressões estrangeiras dominadas no Brasil são declamadas no lirismo da canção. Em *Panis et circenses*, Os Mutantes carregam a canção numa temperatura quase morna, até que ela enfim desfalece, como se o eu – que queria cantar mas é frustrado por pessoas da sala de jantar – tivesse sucumbido; subitamente porém tudo revive na velocidade do rock, o eu ressuscita cheio de energia nova e acusa as pessoas da sala de jantar, levando a aceleração ao limite. Nessa e em outras canções do disco coletivo *Tropicália ou Panis et circencis*, a entrada de guitarras elétricas no Tropicalismo na polêmica apresentação de *Alegria, alegria* em 1967 tinha confirmada a têmpera antropofágica. Marchinha e rock tinham se combinado na canção brasileira de Caetano, para o escândalo de nacionalistas.

Nessa medida, os tropicalistas, por conta da forma da prática musical que estavam empreendendo, viram-se diante do velho problema teórico brasileiro da identidade nacional. Também aqui a antropofagia os auxiliava. De músicos cheios de talento como Edu Lobo até críticos como José Ramos Tinhorão, a importação tropicalista das informações estrangeiras gerava desconfiança, quando não uma represália violenta mesmo. Era como se ela estivesse traindo a essência típica da música nacional, sendo refém do imperialismo cultural que nações dominantes, sem que percebêssemos, impunham sobre países periféricos, quase atualizando, na arte, a relação entre colônia e metrópole que marcara a história do Brasil. Não faltaram ataques aos tropicalistas, considerados até alienados. O desassombro de seus músicos na integração do rock atual a um conhecimento espantoso de todo o cancioneiro nacional era mesmo desconcertante. Não se conseguia classificar o Tropicalismo dentre os gêneros musicais, e assim é até hoje. Ele não inventou um gênero exatamente, mas uma forma, uma prática, um gesto – cujo nome, porém, já tinha sido dado desde os anos 1920 no Modernismo: antropofagia.

"O Tropicalismo nem constituiu um gênero próprio", admite Tom Zé, para observar, entretanto, que ele "abriu as portas para outras assimilações"[4]. Fazia uma comparação com a

Bossa Nova, esta sim um gênero musical autêntico: com sequência de acordes e melodia. Na sua opinião, aliás, ela levaria vantagem, pois seria "mais aprofundada" musicalmente. Sem perceber, contudo, Tom Zé estava também apontando a atitude antropofágica do Tropicalismo, pois tal atitude era precisamente a de abrir portas para novas assimilações, sem preocupação com o gênero específico no qual elas estariam encaixadas. Tratava-se, assim, de pensar a canção popular a partir de uma concepção de cultura na qual importa menos a criação de um gênero específico diferente dos outros do que de obras capazes de angariar as diferenças de vários gêneros. Se a Bossa Nova alimentara-se do jazz e assim forjara um novo gênero, o Tropicalismo alimentou-se do rock e forjou uma nova forma de criar e pensar. "Nós tínhamos certeza de que João Gilberto", conta Caetano, "era um exemplo claro de atitude antropofágica", para completar ainda: "e queríamos agir à altura" (Veloso, 1997, p. 249). Não por acaso, ambos eram alvo comum de toda a sorte de nacionalismo, na medida em que profanariam a brasilidade da canção.

Nesse contexto, a antropofagia do Tropicalismo teve dois sentidos: um era geral e conceitual, outro era particular e prático. No sentido conceitual, seguia-se a ideia de Oswald de Andrade de que "só a antropofagia nos une", na medida em que ela é a "a única lei do mundo" (Andrade, 1995, p. 47). Tratava-se de uma filosofia da cultura para a qual o que nos une não é uma identidade específica em comum, mas sim que nós devoremos toda e qualquer identidade que gostaria de permanecer exclusiva. É uma lei do mundo, e não só do Brasil. Reconhecê-la é a condição do desapego de cobranças nacionalistas e xenófobas. Num dos penetráveis da ambientação *Tropicália* de 1967, de Hélio Oiticica, vinha escrito: "a pureza é um mito". Para a antropofagia, que Hélio também defendia, toda pureza é uma origem fabulada pelo mito, nunca realidade cultural efetiva. No mundo, encontramos culturas já sempre em algum contato, nunca totalmente isoladas umas das outras. Só pela imaginação de um passado remoto é que falamos de pureza. Era preciso abandonar as pretensões de identidade nacional fixa, inclusive na música, pois nem o samba na sua origem era puro. O Brasil era um país de origem misturada por diferentes culturas, uma "geleia geral", nos termos de *Tropicália ou Panis et circencis*.

Nesse aspecto mais particularmente referido ao Brasil, a antropofagia era uma estratégia para a inversão cultural da dominação política e econômica. Não se trataria apenas da admissão teórica de que toda cultura é impura, mas de uma operação de contra-ataque ao processo de colonização histórico e simbólico que, desde a invenção do Brasil, estaria em curso. Nesse caso, a antropofagia aplica-se apenas, por assim dizer, da nação politicamente dominada sobre a politicamente dominante. Oswald procede, pela provocação irônica, à declaração de uma nova periodização da fundação do Brasil no final de seu *Manifesto antropófago*. O ano de escrita do *Manifesto* era o de 374 desde a deglutição do bispo Sardinha (Andrade, 1995, p. 52). Isso significa que o Brasil inicia quando os índios devoram um católico português e o processo colonizador é traiçoeiramente revertido. "Nunca fomos catequizados", afirmava Oswald, porque "fizemos Cristo nascer na Bahia" (Andrade, 1995, p. 48). Nada poderia soar tão tropicalista: evita-se a conversão mas reinventa-se o conversor, ao invés de o eliminar. Ele renasce. No Brasil. Na Bahia. *Tropicália ou Panis et circencis* começa e termina com orações, com rezas religiosas: *Miserere nobis* e *Hino ao Senhor do Bonfim*. Não se evita o catolicismo por ser uma religião europeia, ele é devorado antropofagicamente e abrasileirado na geleia geral nacional. No caso do *Hino ao Senhor do Bonfim*, essa operação é exemplar. "É Jesus de Nazaré e os tambores do candomblé", observou Jorge Mautner, "um hino que nos convoca a celebrar a paz e a concórdia ao mesmo tempo em que celebra a vitória em batalhas" (Mautner, 2010, p. 114).

Mesmo a narrativa histórica das origens do Brasil e do dito Novo Mundo é submetida à irônica carnavalização antropofágica no disco *Tropicália ou Panis et circencis*, como se escuta em *Três caravelas*. O que era uma rumba cubana sobre a chegada de Cristóvão Colombo – um "navegante atrevido" – no continente depois nomeado de América com as caravelas Santa Maria, Pinta e Nina é gravada com a versão brasileira e irreverente de João de Barro, o Braguinha. Com ela, "a rumba cubana é deglutida em versos gaiatos de marchinha de carnaval", como percebeu Manuel da Costa Pinto, para quem aí a antropofagia chegava até a "incorporar o relicário latino-americano" (Pinto, 2010, p. 78). O espírito de *Três caravelas* e do *Hino do Senhor do Bonfim* já estava no *Manifesto antropófago*, quando Oswald escreveu que "nunca fomos catequizados, fizemos foi Carnaval" (Andrade, 1995, p. 49). É descontraída a forma de contar a nossa história. "Muita coisa sucedeu, daquele tempo pra cá, o Brasil aconteceu, é o maior, que que há", ouvimos ironicamente em *Três caravelas*.

Os tropicalistas partiam, portanto, da antropofagia como forma filosófica de compreender a dinâmica impura de constituição das culturas para chegar até a antropofagia como estratégia para a apropriação de dados provenientes de nações dominantes. O emprego das guitarras elétricas do rock correspondia não só a demandas internas de composição musical, mas à pretensão cultural de provar que o Brasil, a despeito da opressão colonial de sua história e do domínio estrangeiro ainda naquela época, tomava posse na arte de elementos oriundos das fontes opressivas e estrangeiras. "Não se faz de conta que a dependência não existe, pelo contrário frisa-se a sua inevitabilidade; não se escamoteia a dívida para com as culturas dominantes", escreveu o crítico Silviano Santiago, contudo, "ao mesmo tempo, não se deixa perder no limbo das elucubrações etnocêntricas a possível originalidade do produto criado" (Santiago, 1982, p. 22). Eis aí o que estava em jogo na antropofagia, não apenas como princípio filosófico geral, mas prática cultural concreta.

Conclusão

Se a estratégia tropicalista era uma antropofagia não só do mundo estrangeiro tal como ele se apresentava na primeira metade do século XX, mas também da indústria cultural sistematizada na segunda metade do século XX, o desenvolvimento da lógica desse mercado no século XXI impõe a atualização da ideia originalmente modernista. Nesse contexto, o problema é saber se essa poética ainda fricciona, para usar as palavras do crítico Nicholas Brown, a "obra de arte na era de sua completa subsunção ao capital" (Brown, 2015, p. 11). Pois as brechas de meio século atrás, se não despareceram, estreitaram-se. É que "a produção cultural está agora diretamente, e não apenas de modo eventual, explorada do ponto de vista econômico, comprada e vendida de maneira a proporcionar lucro", escreveu Brown para discutir o movimento tropicalista, reconhecendo que, em *Verdade tropical*, Caetano "fala de maneira notavelmente honesta a respeito das condições sob as quais os artistas contemporâneos realmente trabalham" (Brown, 2007, p. 306). Tais condições são aquelas em que o intervalo entre o momento autônomo e crítico da criação, por um lado, e o momento de interação com a sociedade e o mercado, por outro, foi praticamente abolido. O problema é que todos os canais de difusão da arte, cuja função é chave para sua pretensão social, pertencem ao capital. Ruim com eles, pior sem eles. O custo da pureza seria a irrelevância. O desafio é como trabalhar em meio às contradições, e não extirpá-las – "aqui ninguém é inocente" (Brown, 2007, p. 300).

Não é possível ignorar que mesmo a antropofagia e o Tropicalismo tornaram-se marcas na globalização do mercado de arte: marcas para uma brasilidade *prêt-à-porter* agradável em um circuito internacional cada vez mais subordinado à lógica da indústria cultural, que mal sabe distinguir entre valor estético e valor financeiro. Logo, a antropofagia não pode ser o mero elogio da geleia geral como uma panaceia. E ela, de fato, não o foi para os tropicalistas. Os objetos de consumo de "Baby" estão no mesmo álbum no qual há "policiais vigiando" em "Lindoneia". O eu quer cantar em "Panis et circenses", mas não pode, pois as pessoas da sala de jantar estão ocupadas em nascer e morrer. Os amantes gostariam de passear na canção "Enquanto seu lobo não vem", porém o lobo já chegara, era a perseguição ditatorial. Em suma, não há aí a solução para a cultura brasileira, mas o desafio que se impõe a ela. Um desafio difícil o suficiente para podermos repetir hoje o que Gal Costa cantou em 1968: "eu tenho um beijo preso na garganta".

Se a canção "Geleia geral", de Torquato Neto e cantada por Gil, enunciava que "a alegria é a prova dos nove", citando um verso do *Manifesto antropófago* de Oswald de Andrade, era justamente porque a alegria não é um dado certo, e sim uma prova pela qual temos que passar, a despeito do horror e da tentação de cair no verso que se segue e diz: "a tristeza é teu porto seguro". Desde o Modernismo até o Tropicalismo, a historicidade do *Manifesto antropófago* revela esse desafio de alegria, mas também a ameaça da tristeza, como se houvesse uma potência na cultura do país que, entretanto, dificilmente se converte em realidade política ou social. Há um beijo, sim. Mas ele continua preso na garganta.

Notas

1 Nesse sentido, procuro aqui sublinhar uma afinidade implícita entre meus últimos dois livros, e por isso os retomo em parte neste artigo: *A palavra modernista: vanguarda e manifesto*, de 2014, e *Tropicália, ou Panis et circencis*, de 2018. Mas o faço, aqui, a fim justamente de chamar atenção para a historicidade da ideia de antropofagia, que permite aproximar os dois movimentos: Modernismo na década de 1920 e Tropicalismo na década de 1960.

2 Para isso, cf. Pompa, 2001.

3 Meu amigo Rodrigo Nunes foi quem chamou minha atenção para o arranjo de cordas, segundo ele "o maior arranjo de cordas de uma canção popular de todos os tempos". Não discordo.

4 "O manifesto de Tom Zé", in *Folha de S Paulo* – Ilustrada (20/10/1999).

Referências

ANDRADE, Oswald de. Informe sobre o modernismo. *Estética e política*. São Paulo: Globo, 1992.

__________. Manifesto antropófago. In: __________. *A utopia antropofágica*. São Paulo: Globo, 1995.

BENJAMIN, Walter. *Origem do drama barroco alemão*. São Paulo: Brasiliense, 1988.

BROWN, Nicholas. Tropicália, pós-modernismo e a subsunção real do trabalho sob o capital. In: CEVASCO, Maria Elisa; OHATA, Milton (Orgs.). *Roberto Schwarz: um crítico na periferia do capitalismo*. São Paulo: Companhia das Letras, 2007.

__________. A obra de arte na era de sua completa subsunção ao capital. In: DURÃO, Fabio Akcelrud; MUSSI, Daniela; MARANHÃO, Andréia (Orgs.). *Marxismo: cultura e educação*. São Paulo: Nankin Editorial, 2015.

CAMPOS, Augusto. *Poesia, antipoesia, antropofagia & etc*. São Paulo: Companhia das Letras, 2015.

CANDIDO, Antonio. Digressão sentimental sobre Oswald de Andrade. In: __________. *Vários escritos*. São Paulo: Duas Cidades, 1977.

__________. Literatura e cultura de 1900 a 1945. In: __________. *Literatura e sociedade: estudos de teoria e história literária*. São Paulo: T. A. Queiroz, 2000,

MAUTNER, Jorge. Hino do Senhor do Bonfim. In: OLIVEIRA Ana de (Org.). *Tropicália ou Panis et circenses*. São Paulo: Iyá Omin, 2010.

MERQUIOR, José Guilherme. *A astúcia da mimese*. São Paulo: José Olympio, 1972.

MONTAIGNE, Michel de. Dos canibais. In: __________. *Os ensaios: livro I*. São Paulo: Martins Fontes, 2002.

NETO, Torquato. Conversa com Gilberto Gil. In: CAMPOS, Augusto de (Org.). *Balanço da bossa e outras bossas*. São Paulo: Perspectiva, 1974.

NIETZSCHE, Friedrich. *O nascimento da tragédia*. São Paulo: Companhia das Letras, 1992.

NUNES, Benedito. Antropofagia ao alcance de todos. In: ANDRADE, Oswald de. *A utopia antropofágica*. São Paulo: Globo, 1995.

OITICICA, Hélio. Esquema geral da nova objetividade. In: FERREIRA, Glória; COTRIM, Cecília (Orgs.). *Escritos de artistas: anos 60/70*. Rio de Janeiro: Zahar, 2006.

__________. Tropicália. In: BASUALDO, Carlos (Org.). *Tropicália: uma revolução na cultura brasileira*. São Paulo: Cosac Naify, 2007.

PAZ, Octavio. *Os filhos do barro*. Rio de Janeiro: Nova Fronteira, 1984.

PINTO, Manuel da Costa. Três caravelas. In: OLIVEIRA Ana de (Org.). *Tropicália ou Panis et circenses*. São Paulo: Iyá Omin, 2010.

POMPA, Cristina. Profetas e santidades selvagens. Missionários e caraíbas no Brasil colonial. In: *Revista brasileira de história* – v. 21; no. 40. São Paulo: 2001.

ROCHA, Glauber. Tropicalismo, antropofagia, mito, ideograma. In: BASUALDO, Carlos (Org.). *Tropicália: uma revolução na cultura brasileira*. São Paulo: Cosac Naify, 2007.

__________. O anjo, o moleque e a Maria de Iansã. COHN, Sergio; COELHO, Frederico (Orgs.). *Tropicália*. Rio de Janeiro: Azougue, 2008.

SANTIAGO, Silviano. Apesar de dependente, universal. In: __________. *Vale quanto pesa*. Rio de Janeiro: Paz e Terra, 1982.

VELOSO, Caetano. *Verdade tropical*. São Paulo: Companhia das Letras, 1997.

O papel da utopia: Oswald de Andrade em 1953

Henrique Estrada Rodrigues

Em junho de 1953, apenas um ano e quatro meses antes de seu falecimento, Oswald de Andrade concede uma significativa entrevista para o jornal *Correio Paulistano*. Na verdade, fora mais uma entre as inúmeras concedidas, ao longo dos últimos 30 anos, por um escritor que nunca deixou de frequentar o periodismo diário. Foram tantas incursões que, em 1990, Maria Eugênia Boaventura reuniu boa parte delas em *Os dentes do dragão*, um volume específico das obras completas do escritor. Nessa obra, que vai de 1924 até pouco antes de morrer, as entrevistas transitam, com certa frequência, entre a agudeza analítica e a irreverente agressividade, sobretudo quando o assunto gira em torno das vanguardas artísticas que ele protagonizou na década de 1920, do modernismo ao movimento antropofágico.

Mas se foram tantas entrevistas é porque, como em junho de 1953, Oswald de Andrade deixava entrever seu gosto por uma forma dialógica e, às vezes, intempestiva de formulação, debate e divulgação de ideias; uma forma que, à revelia do gesto grandioso da obra acabada e especializada, se fazia de modo tateante e abertamente provisório. Como se o jornalismo diário pudesse dar alguma base material e formal para uma visão de mundo que ele esperava consolidar, um dia, numa filosofia perene. Essa consolidação fora continuamente adiada. Não surpreende, pois, que as entrevistas sejam um enorme manancial para quem se dispõe a investigar a gestação de suas ideias e ideais. Naquele ano de 1953, ao menos, já seria possível entrever uma nova modulação em sua visão de mundo antropofágica, tal como esboçada, três anos antes, num de seus ensaios mais bem acabados – "A crise da filosofia messiânica". Essa nova perspectiva vinha sendo elaborada, subterraneamente, sob o surpreendente selo das utopias. O papel-jornal veio lhe dar luz.

De fato, em meados de 1953, quando Frederico Branco, do *Correio Paulistano,* chegou à casa de Oswald de Andrade para entrevistá-lo, o jornalista muito sabia sobre o passado literário do escritor, mas nem tanto sobre o que ainda estava em gestação. Designado pelo jornal para mais uma conversa com o velho autor modernista, ele chega cauteloso, até porque não conhecia pessoalmente o entrevistado, como fez questão de anotar nos preâmbulos da matéria publicada (1990a, p. 209). Por isso, não foi sem uma ponta de surpresa que, logo de início, percebe estar diante de um escritor sem a energia que lhe dera fama:

> ... conhecia – e isso muito bem... – a aura de temibilidade que envolvia o dono da toca, o monstro Oswald de Andrade, um tipo gargantuesco, irreverente até a ausência total das comezinhas convenções sociais, epigramático, mordente, dispostíssimo a arrasar qualquer jornalista ingênuo bastante para ir perturbá-lo em seu sossego com meia dúzia de perguntas impertinentes. (...) Não levou muito tempo para descobrir, surpreso, que o monstro estava completamente amansado, domesticado (...). O tempo embotou as outrora afiadíssimas garras, poliu as arestas de um temperamento agressivo, derrubou os dentes do dragão. (Andrade, 1990a, p. 210)

A saúde declinante era, certamente, um dos motivos dessa aparência amansada. Mas o jornalista percebe algo mais, especialmente o olhar já um pouco desinflado quando o antigo monstro aborda aos dias mais intensos das primeiras décadas do século XX. Quando a conversa se inicia, ela caminha para um balanço sereno sobre o passado literário. Que se recorde, por exemplo, a avaliação sobre a Semana de Arte Moderna de 1922. Quando menos se podia esperar, o jornalista chega a ouvir um juízo ponderado sobre o legado modernista, num tom bem abaixo das conhecidas afirmações mordentes e calorosas de um passado não muito distante. Oswald de Andrade parecia pacificado pela consciência da historicidade da Semana, mais ainda, pela consciência de que o próprio juízo a ser feito sobre esse evento estaria, sempre, condicionado pelo "lapso de tempo" da avaliação. Diz Oswald de Andrade:

> Evidentemente, a Semana de Arte Moderna foi de há muito superada pelo tempo, ultrapassada, como inevitavelmente seria. Seu máximo valor, entretanto, residiu no espírito que animou o movimento, espírito que não é perecível e que motivou na concentração de atenções gerais do país para o grupo de jovens artistas e intelectuais que desejava fazer arte própria, nacional, verdadeiramente brasileira. (...) Ainda é cedo para que façamos o julgamento seguro, definitivo, do ativo e passivo do movimento. O lapso de tempo decorrido ainda não possibilita distância para uma perspectiva ampla e desapaixonada... (Andrade, 1990a, p. 211)

Entretanto, nem toda a entrevista transcorreu tão calma. A atmosfera serena simplesmente se transforma quando o assunto muda da Semana de 1922 para os legados do "Manifesto Antropófago", que Oswald de Andrade publicou em 1928. De repente, ele abandona a perspectiva historicista ao relembrar sua velha aventura na direção do chamado "primitivismo". O entrevistado (anota o jornalista) "sacode os restos da juba grisalha, exibindo uma pontinha da antiga agressividade. Torceu o assunto, raptando o jornalista para fora do picadeiro bem arrumadinho onde até então tinha tido lugar a entrevista" (1990a, p. 212).

Na conversa, entrava em cena o índio canibal, paradigma maior do "Manifesto Antropófago". E, nas entrelinhas, surgiam as sombras das inúmeras fontes literárias e filosóficas que ainda mexiam com os nervos do seu autor. Notadamente o ensaio "Os canibais", de Montaigne, de enorme importância para Oswald de Andrade. O leitor desse ensaio se lembra bem de um dilema ali presente: o que seria mais bárbaro (questiona Montaigne), comer um inimigo morto (como os selvagens) ou torturá-lo, esquartejá-lo e queimá-lo aos poucos em pretexto da defesa da fé (como os civilizados cristãos)? Já o leitor do "Manifesto Antropófago" também se lembra bem: esse dilema foi uma das chaves para o escritor reabilitar o primitivo e embaralhar as dicotomias estáveis entre o bárbaro e o civilizado. Mas quem relê, agora, a entrevista concedida por Oswald de Andrade em 1953 logo percebe: se ele se inflama ao relembrar tudo isso é porque não parecia voltar para ideias que considerava superadas pelo tempo, à espera de alguma avaliação desapaixonada.

De fato, o entrevistador tocava naquela que era, então, sua corda mais sensível: um permanente revisitar da antiga tese sobre o primitivismo, não para instalá-la no museu das curiosidades modernistas, mas para fundamentá-la como uma visão de mundo. Naquele ano de 1953, o velho Oswald de Andrade se inquietava bastante com o tema. E isso porque tinha muita pressa, a pressa de quem sabia o enorme esforço de pesquisa e de erudição a ser percorrido para cumprir esse desafio, ao mesmo tempo em que sentia, na saúde declinante, que o tempo podia lhe ser breve. Esse sentimento não era novo. Seu testemunho mais contundente fora registrado alguns anos antes, em 18 de outubro de 1948, quando expôs as razões de escrever, àquela altura, um *Diário confessional*:

> O que me levou ao *Diário Confessional* que estou redigindo foi o medo de não poder terminar a filosofia imatura em que trabalho. A Antropofagia como visão de mundo. Pelo menos aí ficará fixada a pesquisa em torno do primitivismo tecnizado que vejo tomar conta de toda a Terra. Entre escrever apressadamente um *Breviário de Antropofagia, A antropofagia como filosofia perene* ou ainda *Uma filosofia do ócio e do conflito,* três livros que imaginei e anoto, prefiro não perder o que está feito e que há vinte anos elaboro, mesmo através da experiência marxista que fiz. (2022, p. 91-92)

Entretanto, se os livros acima projetados não vieram, sua incipiente filosofia não foi de todo perdida. E nem tanto porque teria ganhado registro no *Diário.* Até o fim de 1954, quando então falece, ela ganhara corpo em quatro ou cinco ensaios densos e razoavelmente sistemáticos (como *A crise da filosofia messiânica,* de 1950, ou *O antropófago,* escrito provavelmente entre 1952 e 1953), em algumas entrevistas (em parte reunidas no já citado *Os dentes do dragão*), em ensaios, conferências e textos de intervenção (grande parte dos quais publicados postumamente nas *Obras completas* do autor) e em muitas notas dispersas no interior da coluna fixa *Telefonema* (publicada no *Correio da Manhã* entre 1944 e 1954). Multiplicidade de gêneros, estilo e suportes de divulgação: se esses registros esparsos merecem consideração, isso não deve ser feito pelo que eles poderiam ter sido (um mural de ideias para livros sistemáticos nunca feitos), mas pelo que eles efetivamente são, em sua dispersiva materialidade.

O que eu quero dizer é que não é de pouca importância que sua projetada filosofia antropofágica tenha vindo à luz, ao fim e ao cabo, assim: nem tanto sob o gesto fechado e acabado do livro, mas sob a forma inacabada, tateante e multiforme da escrita de jornal, do ensaio, da entrevista ou da conferência, ou seja, sob formas expositivas que instauram um modo de produção e circulação das ideias mais propício à reação do público e às próprias ambivalências do processo de escrita. Em outras palavras, a retomada da antropofagia como visão de mundo se faz, em boa medida, de modo jornalístico, diário e provisório. Qual uma obra de pensamento que se apresenta em ato, diria, em outro contexto, Miguel Abensour, esse modo de exposição é sempre sujeito a remanejamentos e imprecisões, é sempre exposto à intervenção do ouvinte e do leitor, que avaliam, julgam e repercutem uma visão de mundo em "estado nascente".[1]

Nesse sentido, mesmo aquela entrevista de 1953 deveria ser tomada como parte constitutiva desse pensamento em ato, cuja forma de exposição subtrai a antropofagia da história literária, nem tanto para depositá-la no colo da filosofia acadêmica ou de outro saber especializado, mas para entregá-la ao grande público. Com seu modo jornalístico, diário e dialógico de escrita, Oswald de Andrade instaura esse tipo de obra pela via de um confronto com as experiências e as expectativas dos seus leitores e ouvintes, convidados a intervir ou a tomar partido na conversa em andamento ou no argumento ensaiado. Estranho movimento, pois, de uma obra em gestação que desliza por entre a fina ironia de sabor montaigniano, a sarcástica violência do gesto vanguardista e a abertura a uma exposição dialógica e quase sempre inacabada.

Mas esse movimento não seria tão estranho assim quando considerado o que estaria em jogo, no plano das ideias, naquele ano de 1953. Num tom que não deixa de antecipar recentes diagnósticos sobre o futuro do planeta, dizia Oswald de Andrade na entrevista:

> O civilizado em geral, e, particularmente, o produto que denominamos Civilização Ocidental, falhou, e falhou completamente, em todos os sentidos. Agora, só na busca, pesquisa e encontro das origens primitivas está a salvação de um universo que desmorona. Inútil é prosseguir na desenfreada carreira para o nada, que só levará para a extinção total e inevitável das espécies. (Andrade, 1990a, p. 212)

"Primitivismo ou Barbárie", parece sugerir o autor numa ironia mobilizada para alojar o civilizado (e não o primitivo) no seio da selvageria. Mas, afinal, quem é esse "primitivo" oswaldiano? Aquele que quiser buscar, na sua obra, um conceito ou uma personagem para encarná-lo, encontrará uma multidão. Do canibal sitiado na América ao irônico canibal de Montaigne; de Macunaíma (o herói sem caráter de Mário de Andrade), ao sertanejo místico dos sertões do Brasil (como o Antonio Conselheiro de Euclides da Cunha); do chamado "homem cordial" (cujo horizonte de sociabilidade oscila entre a hospitalidade e a hostilidade, como sugere o historiador brasileiro Sérgio Buarque de Holanda), às concepções matriarcais de vida e sociedade, sem Estado coercitivo, sem propriedade privada e sem direito de herança (tal como apreendidas na leitura do jurista suíço Bachofen e nas obras de Nietzsche e Engels); enfim, entre tantos conceitos, filósofos e personagens literários, talvez só fosse possível encarnar o primitivo de um modo tateante e, por que não dizer, com certo traço errático e imaginoso.

Seja como for, não há nada de errático em reconhecer que, naquele ano de 1953, Oswald de Andrade buscava dar um norte preciso ao primitivismo, desta feita rumo a uma dimensão explicitamente política, exposta naquele balanceio entre o diagnóstico distópico de uma civilização que desmorona e o sentimento de certa poesia matriarcal da Idade do Ouro (sem Estado coercitivo, sem propriedade privada). O entrevistador que o acompanhava, claro, não se deixou convencer, nem com o diagnóstico, nem com a terapêutica. Com esforço, mudou o rumo da conversa, buscando assentá-la em algo mais bem comportado.

Pouco importa a cautela do jornalista. Afinal, ainda em 1953, pouco após essa conversa, Oswald de Andrade voltava às páginas dos jornais para gritar bem alto e dar nova ancoragem ao seu particular balanceio político. E assim o faz numa série de artigos para outro jornal de grande circulação – *O Estado de São Paulo* –, nos quais a poesia da Idade do Ouro é repensada, agora, como explicitamente utópica. Nesse momento, pode-se mesmo imaginar o trabalho que o agitava em torno dessa questão quando se lê, por exemplo, a entrada de 12 de setembro de 1953 do seu *Diário Confessional* (2022, p. 472-473). Nela, o autor já projetava não apenas um possível curso de dois anos em Estocolmo (a ser inaugurado com uma conferência intitulada "A descoberta da utopia"), mas também um último e caudaloso artigo sobre as utopias (pois o *Estado de São Paulo* acabava de lhe anunciar o fim da sua série), que deveria ir do socialismo utópico (representado pela República Guarani) ao estilo utópico (o Barroco); do selvagem utópico (em Rousseau) à revolução utópica (a francesa); da sátira utópica (Huxley) à paz utópica (Bernardin de Saint-Pierre), para ficar apenas em alguns dos tantos autores e eventos elencados para discussão.

Talvez pela grandeza do projetado, não deixou de imaginar, também, a composição de um livro. Em 8 de agosto de 1953 já teria anotado no *Diário Confessional:* "num esforço, penso em fazer um livro da série de artigos que estou publicando no *Estado,* 'A marcha das utopias'" (2002, p. 462). Mas a história parecia se repetir. Pois assim com ocorrera com a filosofia antropofágica, o grande livro, capaz de consolidar toda a marcha teórica e historiográfica, não veio. Restou, apenas, a série para o *Estado de São Paulo,* elaborada com a intensidade própria de uma escrita errática e jornalística, reunida postumamente, em 1966, como o volume 139 de *Os Cadernos de Cultura,* do Ministério da Educação e Cultura.

Mas não há erro em dizer que Oswald de Andrade, apesar da pletora de autores e temas tratados na série, não tomou o conceito de utopia de forma vaga ou imprecisa. De fato, "A marcha das utopias" assumiu o conceito com notável densidade no manejo de diferentes matrizes literárias, filosóficas, políticas e religiosas, embora a espinha dorsal do seu argumento tenha sido dada, numa ponta, pela obra fundadora de Thomas Morus (a *Utopia,* de 1516), e na outra, pela revisão crítica do utopismo tal como elaborada por Marx e Engels. E entre uma ponta e outra (às vezes esticada no tempo, um pouco aquém – até Platão – ou um pouco além – até o início do século XX), tratou de estudar como os sonhos de mudança e transformação social "se forram não somente de sonho mas de protesto. A utopia é sempre um sinal de inconformação e um prenúncio de revolta" (1990b, p. 209), diz nas linhas finais do texto.

Em outras palavras, a utopia em papel-jornal de Oswald de Andrade talvez seja apenas isto: em meio a todos os protestos "contra o regime da desigualdade e da herança" (Andrade, 1990b, p. 200), o prenúncio de um princípio de comunicação elaborado com sonhos utópicos em dissenso e em permanente permutação, poderíamos, mais uma vez, dizer com Miguel Abensour (1990, p. 162-172). Pois Oswald de Andrade, ainda que num registro analítico, elabora uma série de jornal que não se resume à comunicação de conteúdos utópicos (como o fim da propriedade privada). O errático e o imaginoso de "A marcha das utopias" podem ser tomados como indícios de uma forma específica de pensamento, ou melhor, de uma forma de interrogação sem fim sobre os modos de instituição do social e de seu horizonte político. Talvez por isso a "marcha" oswaldiana cumpra seu papel nem tanto ao definir supostas metas para a ação, mas ao manter-se, justamente, a contrapelo de uma exposição didática sobre diferentes projetos de futuro. Oswald de Andrade nos convida a pensar no sentido utópico do seu próprio modo de enunciação, a saber, uma escrita jornalística que joga, ela própria, com a permutação dialógica entre diferentes autores e eventos, entre distintos sinais de inconformação e prenúncios de revolta.

Passados quase setenta anos desse gesto, talvez possamos olhar para ele como o próprio Oswald de Andrade olhara, naquela entrevista de 1953, para o legado da Semana de Arte Moderna de 1922: com a serena consciência historicista de que essa promessa utópica "foi de há muito superada pelo tempo, ultrapassada, como inevitavelmente seria". Ou talvez possamos repetir a postura do jornalista do *Correio Paulistano*, que sempre buscava reconduzir o errático e o imaginoso da conversa oswaldiana para assuntos bem-comportados. Aquele que estiver com a consciência pacificada diante dos atuais rumos da história, que o faça. Mas, para aquele que não estiver com a consciência tranquila, talvez valha a pena, ao menos, reler a marcha oswaldiana pelo incerto das utopias. Se não pela letra do texto, ao menos pelo espírito que animou sua inscrição nas páginas dos jornais: a utopia de uma forma de pensamento e de comunicação que convida o interlocutor não a aderir a ideias feitas e acabadas, mas a participar de um diálogo passional sobre uma vida melhor.

Para o leitor de hoje, não seria esta a utopia do mínimo que resta?

Notas

1 O argumento desenvolvido nesse parágrafo (e em parte no próximo) retoma e parafraseia, em novo registro, a leitura de Miguel Abensour sobre William Morris. In: "William Morris: utopia libertária e novação técnica" (1990, p. 132-135). Nesse texto, o autor analisa o sentido político de uma utopia que rompera com um modelo pedagógico de exposição. Voltarei a esse ponto mais adiante.

Referências

ABENSOUR, Miguel. William Morris: a utopia libertária e a novação técnica. In: *O novo espírito utópico.* Campinas: Editora da Unicamp, 1990.

ANDRADE, Oswald de. "Caem os dentes do dragão...". [Entrevista a Frederico Branco]. In: ANDRADE, Oswald de. *Os dentes do dragão*: entrevistas. Organização de Maria Eugênia Boaventura. São Paulo: Globo, 1990a

__________. "A marcha das utopias". In: ANDRADE, Oswald de. *A utopia antropofágica.* 2. ed. São Paulo: Globo, 1990b.

__________. "A crise da filosofia messiânica". In: ANDRADE, Oswald de. *A utopia antropofágica.* 2. ed. São Paulo: Globo, 1990.

__________. *Telefonema.* 2. ed. aumentada. São Paulo: Globo, 2007.

__________. O antropófago. In: ANDRADE, Oswald de. *Estética e política.* 2.ed. revista e ampliada. São Paulo: Globo, 2011.

__________. *Diário confessional.* São Paulo: Companhia das Letras, 2022.

MONTAIGNE, Michel de. Os canibais. In: *Os ensaios.* São Paulo: Cia das Letras, 2010.

MORRIS, William. *Notícias de lugar nenhum, ou uma época de repouso.* São Paulo: Fundação Perseu Abramo, 2002.

Historicidades da poesia em Walter Benjamin

Walter Benjamin: o nome próprio e a poética do amor

Olgária Mattos

A poesia é, originariamente, canto e memória, mágica e sobrenatural. Assim, conversando com as sombras dos sábios antigos, na *Divina Comédia,* elas se dirigiam a Dante não em grego e sim em italiano, por ser a palavra poética comunicação de "conteúdos espirituais."[1] Assim, também, voltando-se para os poemas de Giovanni Pascoli que, no início do século XX, utiliza o latim para escrever seus versos, Agamben anota: "eis que um indivíduo consegue restaurar em uma língua morta a possibilidade de opor o dizível e o não-dizível",[2] realizando uma ressurreição da língua, reavendo seu "teor de verdade", aquilo que está para além da comunicação, "o inapreensível, o misterioso, o poético"[3] que, por ser inexprimível – "aquilo que no Nome não tem nome" – se diferencia do químico e se aproxima do "alquimista": "enquanto que, no fenômeno da combustão, o primeiro só se interessa pela madeira e pelas cinzas, o segundo só atém no enigma da chama que continua a arder nas folhagens do outrora."[4] Por isso, Benjamin encontrou na tradução de uma língua em outra, de um tempo em outro, a possibilidade de os depurar por um processo histórico de regeneração messiânica. Ela é ofício de poetas[5] guiados pela "teologia".[6]

Contrariando o mandamento kantiano de não fugir para "céus inteligíveis"[7] — com o que Kant delimitava o campo do conhecimento possível proscrevendo a metafísica e também as visões de um Swedenborg[8] –, Benjamin trata com anjos[9] e "ponderações misteriosas".[10] Referindo-se às estruturas gigantes, das colunas e pilares de apoio da estatuária e da arquitetura da Contra-Reforma, Benjamin observa: "A subjetividade, caindo como um anjo no abismo, é trazida de volta pelas alegorias, e fixada no céu, em Deus, pela *ponderación misteriosa*."[11] Tais ponderações constituem o milagre da solidez de balcões em estruturas oscilantes, são um "milagre" que deve sua existência ao Criador. Tais "ponderações" são tanto mais necessárias quanto, na modernidade, as palavras perderam sua sustentação histórica e suas origens, a linguagem não é mais "o invólucro da alma", tornou-se instrumental, rumando da informação midiática para a "tagarelice", para a doxa,[12] para sua reificação em ideologias[13] e, como no ensaio de Benjamin sobre Karl Kraus, resultam no absurdo.[14] Nesse escrito, Benjamin ainda reflete sobre a linguagem dos anjos como "citações do divino",[15] "nas quais as palavras, retiradas do contexto idílico de seu sentido, transformam-se em epígrafes do *Livro da Criação*".[16] Citar uma palavra é chamá-la pelo "nome",[17] é destacá-la do contexto do juízo, da lógica, do nome não-próprio, para liberar o elemento de nomeação que continua nela, oculto. Eis por que a "citação é propriamente *tradução da palavra em nome*,"[18] pois, "separando-a de seu contexto, ao mesmo tempo traz consigo sua origem".[19] Por isso, sua "nostalgia" (*Sehnsucht)* não significa a busca de uma *arché* situada em um passado idealizado, mas a citação se projeta na história.[20] Ela é a procura da origem divina da linguagem como busca do Nome. E no *Gênesis*, a língua humana participa de maneira perfeita do Nome de Deus,[21] "quando se declara que Deus insuflou um sopro ao homem, ao mesmo tempo a vida, o espírito e a linguagem."[22] Porque a obra da criação se fez pelo *medium*[23] da língua divina, o *Fiat lux: Faça-se a luz,* o nome e a palavra são uma só e única ação que coincide com a essência das coisas. Tão somente o homem, criado com matéria, não se originou da palavra divina, porque, no homem, Deus suspende sua fala, deixa que a linguagem emane diretamente de si mesma, fazendo dela um dom: "Nesta [versão], a criação não advém pelo verbo - Deus disse - e assim foi –, e a este homem que não foi criado a partir da palavra é agora concedido o *dom* da linguagem, que o eleva acima da natureza."[24] Com a capacidade de nomear, o Nome é imediato e puro (*unmittelbar und rein*), exalando das próprias coisas como seu atributo ontológico (*Der Grund der intentionalen Unmittelbarkeit*), misturando sua essência à dos anjos.[25]

Eis por que o Angelus Novus de Benjamin é capaz de compreender, decodificando-os, os fragmentos caóticos do passado recente.[26] Se, na tradição bíblica, os anjos das hostes divinas são protetores e guardiães,[27] agora sua orientação vacila diante das ruínas e desordem do mundo moderno, pois eles perderam a firmeza do Arconte gnóstico, das almas celestes de Avicena, dos anjos oniscientes de Hekhaloth: "Em outro tempo o Anjo falava, e a claridade da mensagem dominava toda angústia, polarizava nossa atenção, exigia um fazer. O Anjo agora desce ao nosso exílio, e a lua, que está com ele, o retém em nosso passo, em nossa *Passagenwerk,* em nossa condição de *homo viator* e, como ela, nos desenraiza de todo tempo e lugar, de todo apego a uma mãe terra e do mesmo modo o impede de voar quando abre suas amplas asas."[28] Este Anjo, privado de realizar a missão angélica de ressuscitar os mortos e recompor o que ficou em ruínas, luta com o demônio da Necessidade inapelável do irreversível. Ele é, contudo, também, o Anjo do *Jetztzeit* , da "agoridade" na qual o alegórico se torna memória do símbolo, do nome: "naquele que foi denominado 'fragmento esotérico' de Benjamin, seu Agesilaus Santander, seu canto [...] começa pondo à prova, entristecido pela distância da amada, uma força incoercível de espera, uma paciência invencível [...]. Ele educa na espera e na paciência do nome."[29] O Angelus Novus é, assim, o exegeta de um tempo no qual se vislumbra uma "débil força messiânica, na qual se reúnem o Anjo barroco – as ruínas do *Drama Barroco Alemão* – e o Angelus Novus das *Teses sobre a história*. Sobre as ruínas da vida moderna, Benjamin colocou um véu de sofrimento: "Aqui os anjos da modernidade praticam um luto ritual, para conjurar os perigos do caos. Uns são anjos 'iluministas' que querem avançar como um exército científico contra as trevas da desordem, outros, porém, são os anjos da melancolia, que lhes recordam que nunca poderão iluminar e conquistar todo o território."[30]

A linguagem dos Anjos é diversa da *Aufklärung* da ciência. Assim, na "Premissa Gnoseológica" do *Drama Barroco*, a linguagem se faz sob o signo de Eros: "na origem dessa atitude não está Platão, e sim Adão, pai dos homens e pai da filosofia."[31] Ele nomeia o que não pode ser nomeado com o *onomazein*,[32] pois não se trata de *logos*, de exatidão, da regra da *adequatio*, dos princípios de identidade, mas da natureza de nome das palavras: "o ponto em que a língua do homem participa mais intimamente da infinitude divina da pura palavra [...] é o nome humano. A teoria do nome próprio é a teoria do limite da linguagem finita [do homem] em relação à linguagem infinita [de Deus]."[33] O Nome não é, então, nem puro acaso, nem simples convenção, mas exala das próprias coisas conduzindo ao originário – não como início, começo ou ponto de partida –, mas o originário da origem que sempre ressurge por alumbramentos no Nome.[34]

Iluminação profana, então. Lendo, em 1923 a *Divina Comédia* traduzida por Stephan George, Benjamin considera Dante o poeta do Nome.[35] Benjamin já conhecia *Dante poeta do mundo terreno* de Auerbach, citado por ele no ensaio "O Surrealismo: último instantâneo da inteligência europeia", no qual a "iluminação profana" se encontra na experiência amorosa, no amor cortês, na poesia provençal à época de Luís VII na França. Citando Auerbach, Benjamin escreve: "'Todos os poetas do 'estilo novo' têm amantes místicas.Todos experimentam aventuras de amor muito parecidas, a todos o Amor concede ou recusa dádivas que mais se assemelham a uma iluminação que a um prazer sensual, e todos pertencem a uma espécie de sociedade secreta, que determina sua vida interna, e talvez também a externa.' Essas características são estranhamente associadas à dialética da embriaguez. Não seria cada êxtase em *um* mundo sobriedade recatada no mundo complementar? A que outro fim visa o amor cortês [...] senão demonstrar que a castidade pode ser também um estado de transe?"[36] Com efeito, no amor cortês o cavaleiro suporta tudo por sua dama, contentando-se dos favores mais tênues e os menos substanciais, justamente ele os prefere e, enfim, quanto mais o objeto de seu amor vai no oposto do que se poderia chamar a recompensa, mais ele o superestima e o eleva, este objeto de eminente dignidade.[37] Nesse amor, vale, antes de tudo, a potência constitutiva do Nome, do nome recebido, dado, pronunciado: "Nada vincula melhor à linguagem que o nome,"[38] porque o que faz amar é o nome: "a essência e o tipo de um amor definem-se da maneira mais rigorosa no destino que ele reserva ao nome [...]. O amor platônico – é no destino do nome, não no do corpo que ele pode se definir verdadeiramente, com seu único sentido autêntico, seu único sentido importante [...] – ama a amada em seu nome, a possui em seu nome e em seu nome a acaricia e aninha [...]. Para este amor a presença da amada sai de seu nome como a irradiação de um foco ardente e ainda é dele que provém a obra daquele que ama."[39] Se, para Auerbach, Dante é o poeta da elevação da Terra para o Céu onde encontra Beatriz que prepara a visão do Paraíso, para Benjamin Dante desce do Céu para a Terra, tornando presente uma questão mais filosófica e política que teológica.

Assim, entre a primavera e o verão de 1940 na França, Benjamin empreendeu a tradução em francês de suas teses "Sobre o Conceito de História", anotadas em alemão nos últimos meses do ano anterior. Na tese número V há uma variante em francês em que Benjamin introduz uma citação de Dante, ausente do original alemão. Neste lê-se: "A verdadeira imagem do passado perpassa veloz. O passado só se deixa fixar, como imagem que rebrilha irreversivelmente, no momento em que é reconhecido [...]. Pois irrecuperável é cada imagem do presente que se dirige ao presente, sem que esse presente se sinta visado por ela."[40] E na tradução francesa: "A Imagem autêntica do passado só aparece em um fulgor. Imagem que só surge para desaparecer para sempre no instante seguinte. A verdade imóvel que nada mais faz que esperar o pesquisador não corresponde de forma nenhuma ao conceito de verdade em matéria de história. Ele [o conceito de história] se apóia melhor no verso de Dante que diz: ... é uma imagem única, insubstituível do passado que se desfaz com cada presente que não soube reconhecer-se visado por ela."[41] Falta aqui a citação que exprimiria a concepção benjaminiana de história, sendo desconhecidos os motivos das reticências, se esquecimento ou sua não-familiaridade com a língua de Dante,[42] a citação encontrando-se tão somente subentendida, permanecendo a questão do "agora da legibilidade". Neste átimo de incerteza, neste espaço deixado em branco, vislumbra-se, em diferimento, antes de ser proferida, sua concepção de história. O rebrilhar fugaz do passado no presente é um "choque" que interrompe a linearidade dos nexos lógicos, mas também, os estabelecendo por semelhanças não-sensíveis, há, em Benjamin, correspondências entre o Paraíso de Dante e o Inferno de Baudelaire, entre o espectro de Beatriz que ainda jovem subiu ao Paraíso e a *Passante*, a memória de uma aparição, também este amor por um fantasma.

Assim, ao tema do ritmo acelerado de desaparecimentos da modernidade associa-se uma interrupção contra-rítmica do tempo: "Dante coloca Beatriz entre as estrelas. Para ele, então, em Beatriz as estrelas podiam ser próximas. Porque na amada as forças da distância aparecem próximas ao homem."[43] Eis por que, no fragmento "Amor platônico" Platão e Dante se conjugam à "iluminação profana" do Surrealismo: "A essência e o tipo de um amor se delineiam com maior precisão no destino que ele prepara para o nome – o de batismo. [...] O amor platônico [...] ama a amada no nome [...]. Que ele guarde e proteja intocado o nome, o prenome da amada, apenas isso é a verdadeira expressão da tensão, desta inclinação ao longínquo que se define por amor platônico [...]. Assim, a Divina Comédia não é senão a aura em torno do nome de Beatriz, a mais poderosa demonstração do fato de que todas as forças e formas do cosmos emanam do nome incólume emerso do amor".[44] Neste sentido, o nome é uma iluminação profana: "A Comédia é, pois, para Benjamin", observa Maggi, "a aparição intransferível [...] contida no nome de Beatriz ('o nome/ que na mente sempre me acompanha') [...] [faz com que] a escrita da obra seja, em sua natureza 'platônica' [...], a única forma possível de amor [...], inscrita no nome da amada, a dar lugar a uma iluminação profana".[45]

Na iluminação profana reúnem-se poesia e história, tradução e citação, sob os auspícios de Dante, do Barroco e Baudelaire. No *Drama barroco*, Benjamin se refere à acídia de Dante, que ressurge no historicismo na tese VII de "Sobre o conceito de história": "Em Dante, a acídia ocupa o quinto lugar na hierarquia dos pecados capitais. A seu redor reina um frio glacial, o que conduz aos dados da patologia humoral, a qualidade fria e seca da terra."[46] E na tese VII, nomeando a acídia e citando Fustel de Coulanges, Benjamin anota: "'Poucos adivinharão o quanto foi preciso estar triste para ressuscitar Cartago'". Se em Dante há a melancolia do poeta desterrado de Florença e se Baudelaire, na Paris moderna, é o "rei de um país chuvoso em uma terra de exílio",[47] o pertencimento perdido pode sempre refulgir como um "relâmpago". Refletindo sobre a escolha de Benjamin da palavra "éclair" (relâmpago) para traduzir o verbo *aufblitzen* (faiscar) da tese V, Marco Maggi considera que Benjamin a utiliza por ser aquela já presente na tradução francesa da *Divina Comédia*, anotada por Benjamin, que, então, reproduziria o fulgor dos versos finais do canto XXXIII do Paraíso, brilho intenso que tudo ilumina nos últimos versos do poema. Por isso, Marco Maggi estima que o verso por citar na tese V se encontraria no terceto inicial do canto XXVIIII do "Paraíso", quando o poeta vislumbra, pela primeira vez, a luz divina nos olhos de Beatriz: "Como quem vê no espelho a claridade [...]/ assim a minha memória representa/ nos olhos dela me enlevando /com amor que cativou minha'alma isenta [...]. Um ponto vi, que lume tão fulgente /Dardejava, que a vista deslumbrava. Fechava-se ante o lume transluzente."[48] O poeta, o historiador, o tradutor não poderiam, sem serem ofuscados no face a face com a luz, fitá-la longamente. Por isso, a "iluminação profana" é uma forma de conhecimento que lampeja, ilumina e evanesce.

Para Benjamin, Dante é o crítico de um presente que está sendo devastado, da Florença de que fôra banido. Lembrando-se do tempo dos antepassados e de seu tataravô Cacciagula, Dante anota: "[naqueles tempos] as casas não estavam desertas [...], Sardanapalo ainda não viera mostrar tudo o que se pode fazer dentro de um quarto".[49] O massacre que o rei assírio promove de suas concubinas, seus escravos e cavalos, em tudo contrasta com a tranquilidade do passado, quando "cada um do seu lar se contentava,/não alardava então Sardanapalo /Da alcova o que no encerro se ocultava".[50]

Assim, no final dos anos 1930, exilado em Paris que em breve seria ocupada pelo exército nazista, Benjamin anota: "O conhecimento do passado se assemelha ao ato pelo qual ao homem no momento de um perigo repentinamente se apresenta uma lembrança que o salva."[51] Neste sentido, assim como Dante, expulso de Florença e no exílio, chega ao Paraíso em que habitam Cacciagula e Beatriz, "assim também Benjamin, no momento de extremo perigo, soube reconhecer-se em um verso de Dante."[52]

Notas

1 Cf. Benjamin (2011, p. 40).
2 Cf. Agamben (2008, p. 160).
3 Cf. Benjamin (2011, p. 102).
4 Cf. Benjamin (1980, p. 64).
5 Cf. Benjamin (2011, p. 102).
6 Cf. Kaufmann (2008). Este estudo analisa o tema da tradução em Walter Benjamin, segundo a tradição da mística judaica. A tradução opera um Tikkoun [uma reconstituição reparadora] da língua original, a do texto sagrado bíblico, agora exiliada nas Setenta Línguas das nações: "Redimir [*erlösen*] em sua própria língua esta linguagem pura [*reine Sprache*], exilada na língua estrangeira, é liberá-la pela reescrita de seu aprisionamento na obra. Eis a tarefa do tradutor" (Benjamin, 2011, p. 117).
7 Cf. Kant (2001), prefácio à primeira edição da *Crítica da razão pura*.

8 Cf. Kant (2005).
9 Que se pense no Anjo melancólico e meditativo da *Origem do drama barroco alemão,* no "Angelus Novus", da tese n°7 de "Sobre o conceito de História", perigosamente suspenso no ar; no "Anjo da esperança", de Andrea Pisano, no batistério de Florença de *Rua de mão única*, o anjo que hesita em colher o fruto do Paraíso, em querer conhecer as razões de Deus. Há também o anjo do fragmento autobiográfico "Agesilaus Santander", de Benjamin, a que se refere Scholem, comentando-o como o "anjo da paciência" (Benjamin, 1972). Cf. Bartra (2004, p. 145-146).
10 Cf. Benjamin (1984, p. 258). Tal ponderação significa ainda, como observa Roger Bartra (2004), a intervenção do divino na obra da tradução, um artifício de *agudeza* para introduzir um mistério em meio a contingências das circunstâncias, com o fim de ponderá-las e oferecer uma explicação arrazoada.
11 Cf. Benjamin (1984, p. 258).
12 Ao tratar do mito e da linguagem na obra de Roland Barthes, Leda Tenório da Motta escreve: "O *ethos* falante do mito barthesiano ainda é suscetível de nos reconduzir à Grécia pelo viés da *doxa* [...]. As acepções que lhe empresta a melhor lexicografia são 'opinião', 'opinião sem fundamento', 'erro de julgamento', 'crença'). Barthes as referenda, a sua maneira [...] assim retraduzindo: 'Opinião Pública, Espírito Majoritário, o Consenso Pequeno-Burguês, a Voz do Natural, a Violência do Preconceito'. E ato contínuo propõe um nome para o discurso que nela incide: 'Podemos chamar doxologia' (palavra de Leibniz) toda maneira de falar adaptada à aparência, à opinião, à prática" (Motta, 2019, p. 43). Cf. Flaubert (2007) e Benjamin (2011, p. 68-69).
13 No posfácio à edição francesa da obra de Victor Klemperer *LTI: a linguagem do Terceiro Reich*, Alain Brossat indica as implicações da linguagem por estereótipos, que vão mais além do que ocorre com ela nos sistemas totalitários, refletindo sobre a mundialização da língua neoliberal de gestão empresarial e a subordinação de todas as dimensões da vida à tecnologia e à economia. Assim como a linguagem do Terceiro Reich operava por clichês a respeito dos judeus, também hoje a língua perde, em razão disso, os valores mais nobres "de um povo e de sua civilização" (Klemperer, 2003, p. 4). Referindo-se a Karl Kraus, Benjamin reconhece aquele capaz de fazer exalar do canto infernal da degradação da língua em estereótipo o hino angélico originário: "Aos fatos sensacionalistas e sempre idênticos que o jornal diário ministra a seu público, [Karl Kraus] contrapõe a notícia eternamente nova que deve ser anunciada da história da criação: o eternamente novo, incessante lamento" (Benjamin, 2000, p. 233).
14 "[Karl Kraus] concentrou todas as suas energias na luta contra a tagarelice, esta expressão linguística do arbitrário, com o qual, no jornalismo,

a atualidade pretende se fazer senhor das coisas [...]. O jornalismo [é] a expressão perfeita da mudança da função da linguagem no capitalismo avançado [...]. No reino da imaginação empobrecida, [...] o homem morre de fome espiritual sem experimentar fome espiritual [...]. Incógnito, ele percorreu noite a dentro as construções gramaticais dos jornais, e, por detrás da fachada rígida da falação, ele descobre [...] o martírio feito às palavras [...], o abismo do absurdo" (Benjamin, 2000, p. 230, 232, 241, 258). Tratando do declínio da cultura e do conhecimento das etimologias e da semântica, em sua locução "Filosofia: Medicina Mentis", Massimo Cacciari evoca a palavra medicina, enfatizando o parentesco entre medicina, *mentis,* com meditar e medir que evocam, nas línguas indo-europeias, o verbo grego *medomai* (medir, meditar) mas também Medeia, aquela que tem "pensamentos convulsivos". Seu sentido preciso de meditar é, além de estabelecer relações, co-medir e comedimento, "cuidar de", "tomar cuidado", como o médico que medita e seu meditar é tomar em cuidado quem necessita dele.

15 A linguagem dos anjos se tornou profundamente estranha aos homens, nenhuma comunicação sendo agora possível com o numinoso (Cf. Benjamin, 2000, p. 267-268).

16 Cf. Benjamin (2000, p. 268).

17 Cf. Benjamin (2000, p. 267). Cf. ainda Sigrid Weigel (2014, p. 190).

18 A tradução da palavra em nome opera como a citação de palavras estrangeiras. Como observa Adorno: "Toda palavra estrangeira, no momento em que é empregada pela primeira vez, no instante de sua aparição profana, festeja novamente a nomeação originária [...]. As palavras estrangeiras são de um ponto de vista histórico lugares de irrupção de uma consciência cognitiva e de uma verdade que se faz clara de diversas formas, daquilo que a simples natureza é na língua: a irrupção da liberdade" (Adorno, 2004, p. 42-48). Desse modo, as palavras estrangeiras constituem uma memória das diferenças entre as línguas, uma "citação". Na citação, que ao mesmo tempo salva e pune, a linguagem aparece como matriz da justiça.

19 Cf. Benjamin (2000, p. 267).

20 Cf. Kaufmann (2008, p. 3).

21 Não por acaso, Benjamin encontraria em Baudelaire o diagnóstico do moderno como "o desaparecimento no mundo dos vestígios do pecado original" e a imersão no mundo da matéria.

22 Cf. "Sobre a linguagem em geral e a linguagem do homem" (Benjamin, 2011, p. 60).

23 A língua como *medium* se diferencia do "meio" entendido como instrumento que visa um fim que lhe é exterior, indicando uma relação de imediatidade. Cf. Benjamin (2011, p. 53-54).

24 Cf. Benjamin (2011, p. 60), trad. modificada.
25 Idem, ibidem.
26 Cf. Witte (2017).
27 "Angelus Novus" é tanto o título da aquarela de Klee quanto o nome que daria título a um projeto de revista que Benjamin não chegou a editar.
28 Cacciari lembra que, para Orígenes, os homens provêm dos anjos "indecisos", que, no instante supremo da decisão, não se colocaram nem do lado de Deus, nem de Satã (Cacciari, 1989, p. 41-42).
29 Cf. Cacciari (1989, p. 91).
30 Cf. Bartra (2004, p. 126-127).
31 Cf. Benjamin (1984, p. 59).
32 Cf. Platão (1973).
33 Cf. Benjamin (2011, p. 62).
34 "Semelhança não sensível", "faculdade mimética", "correspondência" afinidade eletiva alquímica", atrações não-causais e "iluminação profana", portanto. Cf. "A doutrina das semelhanças" e "O Surrealismo, último instantâneo da inteligência europeia" (Benjamin, 1985).
35 Cf. "Desempacotando minha biblioteca" (Benjamin, 1987), em que se encontra o elenco de leituras em torno de Dante, e ainda Marco Maggi (2017).
36 Cf. "O Surrealismo..." (Benjamin, 1985) e também Motta (2016).
37 Cf. Lacan (2004) e também Motta (2016).
38 Cf. "Afinidades eletivas de Goethe" (Benjamin, 2018).
39 Cf. "Breves sombras, amor platônico" (Benjamin, 1987, p. 207-208, trad. modificada). O que ressurge na passagem: "Quem ama não se apega somente aos 'defeitos' da amada, não somente aos tiques e fraquezas de uma mulher; a ele, rugas no rosto e manchas, roupas gastas e um andar desajeitado prendem, muito mais duradoura e inexoravelmente do que toda beleza. [...]. Se é verdadeira a teoria que diz que a sensação não se aloja na cabeça, que não sentimentos, uma janela, uma nuvem, uma árvore no cérebro, mas sim naquele lugar onde a vemos, assim também, no olhar para a amada, estamos fora de nós [...]. Ofuscada, a sensação esvoaça como um bando de pássaros no esplendor da mulher. E assim como os pássaros buscam proteção nos frondosos esconderijos da árvore, refugiam-se as sensações nas sombrias rugas, nos gestos desgraciosos e nas modestas máculas do corpo amado, onde se põem em segurança, no esconderijo. E nenhum passante adivinharia que exatamente aqui, no que é imperfeito, censurável, se aconchega a emoção amorosa, os dardos velozes da adoração" (Benjamin, 1987, p. 18, trad. modificada).
40 Cf. Benjamin (1985, p. 224).

41 Cf. Benjamin (1977). O único manuscrito desta variação da tese encontra-se no Arquivo de Berlim.

42 Com efeito, no fragmento "Si parla italiano" de *Rua de mão única,* Walter Benjamin anotou: "Eu estava sentado, à noite, com dores violentas, em um banco. De fronte a mim, em um segundo banco, tomaram lugar duas moças. Pareciam querer falar-se confidencialmente e começaram a sussurrar. Ninguém além de mim estava nas proximidades, e eu não teria entendido o italiano delas, por mais alto que fosse. Então, diante daquele imotivado sussurrar em uma língua inacessível para mim, não pude defender-me da sensação de que se colocava em volta do local dolorido uma fresca atadura" (Benjamin, 1987, p. 60).

43 Cf. "Nähe und Ferne" (Benjamin, 1972a, p. 83-87).

44 Cf. "Amor platônico", "Imagens de pensamento" (Benjamin, 1987, p. 207-208).

45 Cf. Maggi (2017, p. 46).

46 Cf. Benjamin (2011, p. 177).

47 Cf. Baudelaire (1995, p. 162), trad. modificada.

48 Cf. Dante, "Paraíso", em: *A Divina Comédia.*

49 Idem, ibidem.

50 Idem, ibidem.

51 Trata-se de uma tradução do original alemão elaborada por Walter Benjamin da tese n° VI (Benjamin, 1991, p. 342).

52 Cf. Maggi (2017, p. 166).

Referências

ADORNO, T. *Notes sur la littérature II.* Trad. Lambert Barthélémy et Gilles Moutot. Paris: Éditions de la Maison des sciences de l'homme, 2004.

AGAMBEN, G. *O que resta de Auschwitz.* São Paulo: Boitempo, 2008.

BARTRA, R. *El duelo de los Angeles.* Valencia: Fondo de Cultura Económica, 2004.

BAUDELAIRE, C. *Charles Baudelaire: poesia e prosa.* Trad. Ivan Junqueira. Rio de Janeiro: Nova Aguilar, 1995.

BENJAMIN, W. *Zur aktualität Walter Benjamins.* Frankfurt: Suhrkamp, 1972.

__________. *Gesammelte schriften*, vol VI. Frankfurt: Suhrkamp, 1972a.

__________. *Sul concettom di storia.* Eds. G. Bonola e M. Ranchettti. Turim: Einauydi, 1977.

__________. *Illuminationen*. Frankfurt: Suhrkamp, 1980.

__________. *Origem do drama barroco alemão*. Trad. Sérgio Paulo Rouanet. São Paulo: Brasiliense, 1984.

__________. *Magia e técnica, arte e política. Obras escolhidas I*. Trad. Sérgio Paulo Rouanet. São Paulo: Brasiliense, 1985.

__________. *Rua de mão única. Obras Escolhidas II*. São Paulo: Brasiliense, 1987.

__________. *Oevres*, II. Trad. Maurice de Gandillac, Rainer Rochlitz e Pierre Rusch. Paris: Gallimard, 2000.

__________. *Escritos sobre mito e linguagem*. Trad. Susana Kampff Lages. São Paulo: Editora 34, 2011.

__________. *Ensaios reunidos: escritos sobre Goethe*, 2.ed. Trad. Monica K. Boernebusch, Irene Aron e Sidney Camargo. São Paulo: 34, 2018.

CACCIARI, M. *El angel necesario*. Trad. Zósimo González. Madrid: Visor, 1989.

FLAUBERT, G. *Dicionário das ideias feitas*. Trad. Cristina Murachco. São Paulo: Nova Alexandria, 2007.

KAUFMANN, Francine. *On Repetance and Redemption*. Tel Aviv: Bar Ilan University Press, 2008.

KANT, I. *Crítica da razão pura*. Trad. Manuela Pinto dos Santos. Lisboa: Calouste Gulbenkian, 2001.

__________. *Escritos pré-críticos*. Trad. Luciano Codato. São Paulo: Unesp, 2005.

KLEMPERER, Victor. *LTI, la langue du troisème Reich. Carnets d´un philologue*. Paris: Ed. Albin Michel, 2003.

LACAN, J. *L'Angoisse*. Seminaire XI. Paris: Ed. Seuil, 2004.

PLATÃO. *Crátilo*. Trad. Carlos Alberto Nunes. Belém: UFPA, 1973.

MOTTA, L. Tenório da. *Rumores da língua e desditos da fotografia de arte*. Trad. Eclair Antonio Almeida Filho. São Paulo: Lumme Editor/ Fapesp, 2019.

__________. *Vista das musas no trópico: de volta à crítica da crítica*. São Paulo: Lumme, 2016.

WEIGEL, S. *Walter Benjamin: la criatura, il sacro, le immagini*. Trad. Maria Teresa Costa. Macerata: Quodlibet, 2014.

WITTE, B. *Walter Benjamin: uma biografia intelectual*. Trad. Romero Freitas. Belo Horizonte: Autêntica, 2017.

Poesia e história em Walter Benjamin: do poetificado ao poema como mônada

Rafael Zacca

1. Um verso estranho de Baudelaire

No final da década de 1920, Walter Benjamin havia se aproximado das teses do materialismo histórico. E ao longo da década de 1930, o filósofo judeu e comunista viu a ascensão do nazismo e do fascismo ao poder, e, com ele, a chegada da Segunda Guerra Mundial (dados biográficos graças aos quais precisou se exilar na França no período imediatamente anterior à sua fuga malograda pelos Pirineus e ao suicídio). Não deixa de ser curioso que após a eclosão da guerra, Benjamin se dedique a escrever um livro sobre o poeta francês Charles Baudelaire.

Se ao materialismo histórico cabia pensar e transformar as questões *materiais* que submetem as classes oprimidas, por que Benjamin escreve um livro de crítica sobre poesia? Se ao materialismo histórico, na década de 1930, cabia enfrentar o imperialismo, o colonialismo e o nazifascismo, em que sentido uma obra como essa seria desejável? Por que não adiar o plano de investigação e escrita para outra década, e se dedicar à pesquisa histórica, ou econômica, ou política, ou das relações de poder? Por que não investigar um poeta revolucionário (no sentido que essa palavra carrega quando nos referimos a alguém que se filia explicitamente a um projeto de sociedade socialista, comunista, etc.)? Uma vez que Baudelaire não era exatamente esse "revolucionário" – apesar de ser alguém que certamente amava a revolta[1] – por que se debruçar sobre a sua poesia e sobre a Paris do século XIX? Como, exatamente, isso estaria à altura do combate mais urgente da época?

A exigência de se defrontar também no âmbito da cultura, na prática e no campo das ideias, com os regimes autoritários e eugênicos de sua época, sob o risco de que seu próprio corpo e vida desaparecessem, já havia sido colocada por textos de Walter Benjamin que remontam aos primeiros anos da ascensão de Hitler, na década de 1930. Como em "O autor como produtor", quando foi conferencista no Instituto para o Estudo do Fascismo, cujas ideias centrais exigiam um real engajamento da "inteligência" com o proletariado na sua luta contra o capitalismo a partir de uma refuncionalização da escrita (Benjamin, 1987, p. 136). Ou como, mais tarde, em "A obra de arte na era de sua reprodutibilidade técnica", quando convocou artistas e críticos a uma "politização da arte" contra uma "estetização da política" promovida pelo fascismo (Ibidem, p. 196). Para não falar nas "correções" que aplicou ao falso engajamento de intelectuais e artistas pequeno-burgueses, como o poeta Erich Kästner, que se contentava com uma solidariedade ideológica com o proletariado, sem converter suas ações na direção da luta dessa classe (Ibidem, p. 73-78). Ou à atuação cultural da socialdemocracia alemã nos anos que precederam a vitória de Hitler – para Benjamin, a mera popularização do saber promovida pelos socialistas democratas, sem a transformação prévia desse mesmo saber em um sentido revolucionário, seria inofensivo politicamente (Benjamin, 2012, p. 133).

Em 1940, essas exigências se conjugariam com uma terceira, não menos elementar: a da reformulação de um conceito de história à altura da tarefa revolucionária do materialismo histórico. Em seus fragmentos "Sobre o conceito de história", Benjamin argumentava em favor de uma concepção de tempo histórico que pudesse se contrapor àquela pressuposta na ideologia do progresso (que concebia a história como uma escalada rumo à felicidade coletiva nos moldes do desenvolvimento da civilização ocidental) (Benjamin, 1987, p. 222-232). De seu ponto de vista, essa mesma ideologia servia de fundamento para que se considerasse os regimes fascistas como uma espécie de ruptura histórica com a modernidade – e não como uma possibilidade histórica da própria civilização moderna.

Qual é a relação, então, entre a investigação crítica de um poeta lírico e a tarefa do materialismo histórico de Walter Benjamin?

Entre os textos que integrariam o livro sobre Charles Baudelaire, restou um ensaio de Benjamin que se dedica a compreender "Alguns temas em Baudelaire". Trata-se da subseção de um segundo capítulo (o primeiro e o terceiro jamais foram escritos) da obra inconclusa destinada a apresentar uma imagem do poeta francês e do estatuto lírico de sua poesia em uma situação histórica antilírica por excelência: o auge do capitalismo.

Ao trabalhar "Alguns temas em Baudelaire" em sala de aula, costumo perguntar aos meus alunos: sobre o que é este ensaio? Fazemos uma lista, que geralmente conclui que Benjamin trata de alguns dos seguintes itens: a pobreza de experiência das gerações que viveram no século XIX; o recalcamento dessa situação em algumas dessas gerações; as origens do nazifascismo na Europa; a atrofia da aura; a modificação no estatuto do Belo nas obras de arte; a invenção do romance policial; o surgimento das medidas de controle social na França pós-revolucionária; o advento das massas nos grandes centros urbanos; a mudança da percepção na modernidade e a transformação da memória; o pouco prestígio de *As flores do mal* quando publicadas pela primeira vez e a situação de sua fama ao longo das décadas seguintes.

No entanto, é possível afirmar o seguinte: todo o ensaio se destina a compreender uma única questão. Uma aparente contradição em um verso de Baudelaire, em que o poeta qualifica e denuncia o seu leitor como hipócrita, ao mesmo tempo em que se identifica com ele como seu semelhante. "*– Hypocrite lecteur, – mon semblable, – mon frère!*"

O verso figura no poema "Ao leitor" (Baudelaire, 1995), que abre *As flores do mal* e descreve uma humanidade corrompida. O poeta se inclui nessa humanidade. Dar a imagem de seu próprio tempo e do gênero humano que o vive não apenas como decaídos, mas também degenerados, é uma das tarefas de suas flores. Entregue ao pecado, ao vício e a "amáveis remorsos" [*aimables remords*] (conforme a primeira estrofe do poema "Ao leitor"), sob o comando de Satã Trimegisto (terceira estrofe), essa humanidade, que tem a cabeça povoada de demônios (sexta estrofe), parece ostentar, para o poeta, uma alma apaixonada pelo mal (como também pela violação, pelo veneno, pelo punhal e pelo fogo, conforme a sétima estrofe).

No entanto, nenhum dos vícios ou dos males que ocupam a alma e trabalham no corpo humanos se iguala ao maior deles, que com um único "bocejo imenso engoliria o mundo":

É o Tédio! [*l'Ennui*] – O olhar esquivo à mínima emoção,

Com patíbulos sonha, ao cachimbo agarrado.
Tu conheces, leitor, o monstro delicado

– Hipócrita leitor, meu igual [*ou semelhante*], meu irmão! (Baudelaire, 1995, p. 104).[2]

O tédio assume, no poema, a forma de uma entidade (*l'Ennui* / o Tédio) e é alçado à categoria de maior e mais imundo dos vícios humanos. Não é obra somente do poeta. Nos anos 1840 o tédio teria sido tomado como uma espécie de epidemia, um mal do século.[3] Para Benjamin, como para observadores do próprio século XIX, o fenômeno estava associado, pelo menos em Paris, à influência com que o tempo atmosférico, acinzentado depois do inchaço da capital, tinha sobre a sensação temporal cronológica das pessoas. Esse efeito de névoa, em que se misturam fumaça industrial e bruma, receberia o nome inglês de *spleen* – um sentimento indeterminável, entre o tédio e a melancolia. Em um dos poemas nas *Flores do mal* que levam esse nome, "*Spleen*", Baudelaire oferece a imagem da indistinção entre tempo atmosférico e tempo vazio do sujeito na forma de um cortejo fúnebre:

Quando o céu plúmbeo e baixo pesa como tampa
Sobre o espírito exposto aos tédios e aos açoites,
E, ungindo toda a curva do horizonte, estampa
Um dia mais escuro e triste do que as noites;
(...)
– Sem música ou tambor, desfila lentamente
Em minha alma uma esguia e fúnebre carreta;
Chora a Esperança, e a Angústia, atroz e prepotente,
Enterra-me no crânio uma bandeira preta.[4]

No entanto, em "Sobre alguns motivos na obra de Baudelaire", ao comentar o último verso de "Ao leitor" ("–Hipócrita leitor, meu igual, meu irmão!") –, Benjamin não se demora sobre o tema do tédio, pelo menos não à primeira vista.

Veremos, porém, como o tédio é uma espécie de sintoma de algo que se passa no inconsciente coletivo a partir de transformações sociais traumáticas que transformam a percepção humana – esta sim, objeto de extenso interesse do ensaio.

Benjamin sublinha que o poema "Ao leitor" qualifica um público como "ingrato". Ingrato diante da poesia lírica, que exige concentração, interesse, atenção. O leitor a que se dirigem *As flores do mal* é absorto, desinteressado, distraído. Em uma palavra, essas pessoas "preferem os prazeres dos sentidos", uma vez que se entregaram ao *spleen* (Benjamin, 1989, p. 103). Baudelaire dedica seus poemas líricos a esse público porque se identifica com ele. Porque passou pelas mesmas transformações traumáticas.

São transformações na estrutura de sua experiência, ocasionadas pela metamorfose da vida moderna europeia (e que não tardaria a integrar o projeto colonial na África, na Ásia e nas Américas). O encurtamento das distâncias e do tempo (com as ferrovias, o controle do tempo pelos relógios mecânicos, novos meios comunicacionais), a força destradicionalizante do capitalismo, a nova vida plena de acidentes e perigo da metrópole, tudo isso e muito mais comporta uma nova maneira de habitar a Terra, e, portanto, exige um novo aparelho sensorial (Buck-Morss, 1996, p. 11-41; Crary, 2012).

O que, no entanto, torna o verso verdadeiramente estranho, é que ele se dirige a esse público "ingrato" (diante da poesia lírica) como um "igual" (ao poeta lírico), ao mesmo tempo que o qualifica como "hipócrita". A tradução de Ivan Junqueira, que utilizamos até aqui, é insuficiente para a nossa análise. Vejamos o verso em francês: Baudelaire não diz "*mon égal*", meu igual, mas "*mon semblable*", meu semelhante. A voz de "Ao leitor" não se vê em relação de igualdade com esse leitor, mas em relação de semelhança, o que implica, portanto, algum nível de diferença. Onde se localiza essa diferença? A chave está no adjetivo com que qualifica o leitor, mas não a si mesmo: *hipócrita* leitor.

Entre as tarefas a que se destinam a obra de Baudelaire, conta-se esta: escancarar, nas formas do mal (do satanismo, do vício, da putrefação, da melancolia, da vida considerada, naquele momento, mesquinha, a das ruas, dos trapos, da boemia e da vadiagem), a nova configuração existencial da grande cidade capitalista que fora, nos seus anos iniciais, imediatamente recalcada. É justamente aí que se diferencia do seu leitor: Baudelaire atravessou as mesmas vivências do choque que traumatizou os seus leitores. Mas, ao contrário destes, o poeta não tentou fugir destes choques, e sim confrontá-los. Não tentou recalcá-los, mas vivê-los – e, por fim, expressá-los.

A tarefa de Benjamin era a de descrever a poesia de Baudelaire em função dessas transformações. No entanto, não o fez a partir de um "fora" da obra de Baudelaire – não seguiu nenhum imperativo de prioridade do social sobre o poético, que determinaria, em última instância, na investigação da sociedade primeiro para depois realizar a exposição crítica. Pelo contrário, colocou a possibilidade de existência do poema condicionada a uma convulsão social que não é estranha aos versos, mas que os fundamenta. Apenas a leitura minuciosa, em escala micrológica, fornece essas chaves de interpretação. Nesse sentido, Benjamin não vê a obra de Baudelaire de fora; mergulha nela.

Ao fazê-lo, no entanto, ao tentar compreender o verso estranho de Baudelaire, Benjamin termina por desdobrar tudo aquilo que lhe é inerente, realizando, de fato, aquilo que meus alunos percebem como sendo os temas do ensaio: uma teoria da pobreza de experiência das gerações que viveram no século XIX; uma descrição do recalcamento dessa situação em algumas dessas gerações; uma recapitulação das origens do nazifascismo na Europa; uma investigação da atrofia da aura; uma consideração acerca da modificação no estatuto do Belo nas obras de arte; uma explicação da invenção do romance policial; uma história do surgimento das medidas de controle social na França pós-revolucionária; uma explanação das consequências do advento das massas nos grandes centros urbanos; uma análise da mudança da percepção na modernidade e da transformação da memória; uma teoria explicativa do pouco prestígio de *As flores do mal* quando publicadas pela primeira vez e da situação de sua fama ao longo das décadas seguintes.

2. Monadologia

O vertiginoso nesse método é que todo o universo histórico convocado se dedique a esclarecer um paradoxo num único verso de Baudelaire, entre a semelhança com o leitor e a acusação de uma atitude com a qual o poeta não se identifica. Essa metodologia, destinada a iluminar um detalhe, um ponto singular numa obra, e que, ao fazê-lo, descortina uma imagem mais ampla da época, é derivada da concepção das mônadas. Trata-se de uma monadologia do poema. O poema, em Walter Benjamin, é uma mônada.

A menor partícula existente é construída à semelhança do mundo. Em qualquer detalhe da existência, é possível encontrar vestígios de tudo aquilo que se passou e que se passa, e de tudo aquilo que se passará. E ainda, é possível ver em qualquer partícula tudo aquilo que poderia ter se passado. A ideia é de Leibniz – nasce no século XVII, com a concepção de uma substância simples semelhante ao Universo, no seu *Discurso de metafísica*, e ganha o nome de Mônada na sua *Monadologia* no século XVIII.

Leibniz foi o inventor do cálculo infinitesimal, isso explica a configuração infinitesimal que apresenta da realidade. E enquanto teólogo, formulou a possibilidade de conhecimento do Universo na substância simples, reservada, em sua realização, aos olhos de Deus. No *Discurso de metafísica*, Leibniz tomava o exemplo de Alexandre, o Grande, fabulando o momento anterior às suas conquistas como imperador, e diz: "Quando se considera bem a conexão das coisas, pode dizer-se que, na alma de Alexandre, há, desde sempre, restos de tudo o que lhe aconteceu e sinais de tudo o que lhe acontecerá" (Leibniz, 1979, p. 25-26).

É o que se passa também com as mônadas. Elas exprimem em si a imagem do mundo. Nesse sentido, cada substância simples testemunha e multiplica a boa obra de Deus, através de sua representação. É o que tem em mente Leibniz ao afirmar, na *Monadologia*, que "cada substância simples tem relações que exprimem todas as outras", fazendo de cada mônada, portanto, "um espelho vivo e perpétuo do universo" (Ibidem, p. 110). A mônada é o lugar em que o singular e o universal coincidem. Desse modo, também configura um ponto de encontro entre unidade e multiplicidade.

Benjamin era fascinado por pequenos objetos, detalhes e pormenores. Uma espécie de *pathos* materialista que se apresentava com feição metafísica – manifestada na sua capacidade de encontrar semelhanças e parentescos lá onde a mera observação do fenômeno não pode captar. Esse par também acompanha a teoria e a metodologia do filósofo diante das obras literárias; e, evidentemente, assim Benjamin procede em suas análises de poemas. Nesse sentido, a sua atenção ao particular parece suscitar um esforço filológico bastante peculiar, com um senso aguçado para os detalhes estranhos ou absurdos das obras que foram objetos de sua crítica. É o que fundamenta no filósofo a sua apreensão da monadologia de Leibniz – que na sua obra aparece como epistemologia que une o particular (o detalhe, o fragmento, o único) e o universal (o semelhante, a ideia, a história), de modo que já não se poderia falar de uma separação dessas duas esferas.

Em *Origem do drama barroco alemão*,[5] Benjamin toma de empréstimo a imagem do mundo como mônada para descrever o mundo das ideias. Em outras palavras, realiza uma secularização da monadologia e uma conversão de seu estatuto ontológico em uma epistemologia – isto é, como descrição das condições de possibilidade do conhecimento. O alcance de uma tal conversão pode ser medido em comparação com a sua formulação ontológica em Leibniz. A monadologia é acompanhada em sua obra por uma teoria dos mundos possíveis.

Para o inventor do cálculo infinitesimal, Deus teria concebido o melhor mundo entre os possíveis. A vida e as coisas, tal como existem, são objeto da vontade divina, que por decisão cria este mundo e não outros. Do ponto de vista da *Teodiceia* (Leibniz, 2013), Deus cria este mundo porque é onisciente – e conhece todos os outros mundos que ele próprio poderia ter criado; e porque é onipotente – tendo, portanto, o poder necessário para criar qualquer mundo que pudesse ser concebido por Sua razão; e não seria bom nem justo se não optasse, se não decidisse, por meio de um juízo, pelo melhor mundo possível. Com efeito, as mônadas também são criadas em sua perfeição.[6] Essa perfeição inclui todos os momentos imperfeitos dos universos que poderiam ter sido e não foram.

A secularização da monadologia em Benjamin suspende a necessidade da perfeição do que existe, deslocando-a para um plano ideal por vir. As coisas em si não são perfeitas. Pelo contrário, aguardam aperfeiçoamento. É nesse sentido que toda a teoria de Benjamin se faz entre dois polos: a constatação do ocorrido e a sua possibilidade de salvação na recuperação das formas daquilo que poderia ter ocorrido.[7] Na sua filosofia da história, por exemplo, o historiador não tem a tarefa de descrever somente os fatos "como eles de fato teriam ocorrido", como também descrevê-los do ponto de vista daquilo que poderia ter acontecido – o que Benjamin chama de "escovar a história a contrapelo" (Benjamin, 1987, p. 225). No lugar de Deus, entra em cena a ação humana aperfeiçoadora: do materialista histórico (historiador e revolucionário), que aperfeiçoa a história ("Sobre o conceito de história"); do tradutor, que aperfeiçoa as línguas ("A tarefa do tradutor"); do filósofo, que salva os fenômenos (*Origem do drama barroco alemão*); etc.

O poema é mônada, e isso tem dois sentidos para as relações entre poesia e história. A primeira, já adivinhamos: o poema é um condensado da história, que não deve ser explicado a partir da exposição dos fenômenos históricos, mas que encontra na sua própria explicação uma tal exposição. Não se compreende a Paris do Segundo Império de Napoleão III para, em função dessa totalidade histórica, criar condições de leitura de um poema de Baudelaire (como na teoria do reflexo de parte do marxismo ortodoxo, que vê nos fenômenos superestruturais uma identidade com os processos que ocorrem na base econômica) (Lukács, 2011, p. 34). A bem da verdade, ocorre o contrário: na filosofia e na prática de Walter Benjamin como crítico de poesia, os poemas se tornam fonte privilegiada de acesso a uma verdade histórica.

O poema é, ele próprio uma condensação daquilo que Benjamin chamaria nos seus fragmentos "Sobre o conceito de história" de tempo-de-agora, de *Jetztzeit*. Não ocorre que ele possa ser explicado pelos processos históricos mais amplos, sendo deles deduzidos; a história se encontra *nele*. *No* poema vive a sua pré e pós-história: tanto do ponto de vista do que de fato ocorreu, quanto de outro ponto de vista, o da salvação, do que poderia ter ocorrido.

3. O poema é mônada: os poemas no poema

O poema é mônada: o segundo sentido que gostaria de examinar nesse enunciado, carrega outra possibilidade para a compreensão da relação entre poesia e história em Walter Benjamin.

Para ter acesso a essa outra relação, precisamos dar um passo atrás e retornar a um texto de Benjamin de juventude, escrito em 1914, sobre "Dois poemas de Friedrich Hölderlin". A ocasião em que o texto foi escrito e as conclusões a que chega o filósofo sobre os poemas do poeta não poderão ser desdobradas agora. Por isso, gostaria de concentrar a atenção nos primeiros parágrafos desse texto, em que se verificam considerações metodológicas preliminares de Benjamin (um procedimento usual em diversas de suas críticas: cada crítica contém – usualmente em seus primeiros parágrafos – um pequeno prefácio que elabora uma espécie de crítica da crítica, de filosofia da crítica.)

O filósofo nos adverte que irá investigar dois poemas, "Coragem de poeta" [*Dichtermut*] e "Timidez" [*Blödigkeit*], que são, na verdade, duas versões de um mesmo texto poético de Hölderlin. Nesses parágrafos, Benjamin tenta compreender como se podem comparar dois textos poéticos que tentam realizar a mesma coisa. É então que estabelece que esses poemas só podem ser comparados em função de um elemento que lhes é comum. Este elemento não aflora à superfície, não aparece no poema. Só pode ser deduzido da atividade crítica. É o seu "poetificado" (Benjamin, 2011, p. 43).

O "poetificado", ou *das Gedichtete*, é um conjunto de forças, ou relações vitais, que o trabalho do poema retira da vida e reconfigura em seu interior. Se voltarmos aos poemas de Baudelaire, poderíamos dizer que o que é poetificado em "Ao leitor" é um conjunto de forças históricas no Segundo Império de Napoleão III que se reconfiguram e ganham outra aparência no poema. Essa re-operação dos elementos, visando, na linguagem, reconfigurar o sentido e o sem-sentido do que existe, ao mesmo tempo transforma e conserva a história. E o faz, segundo Benjamin, porque tenta responder a uma tarefa.

Existiria, portanto, uma tarefa do poema. No caso de "Ao leitor", uma tarefa de desnudamento da nova experiência que toda a geração recalca. Nos poemas que Benjamin analisa no ensaio de 1914, aqueles de Hölderlin, a tarefa coincide com uma apresentação da coragem em um mundo saturado de perigos.

O que permite a comparação entre as duas versões de um mesmo poema é o conceito de poetificado, porque ele revela que os poemas respondem, como diferentes soluções, a uma mesma tarefa. Essa tarefa é o elemento de comparação, propriamente dito, que permite o cotejamento não dos poemas em si, mas daquilo que eles poetificaram.

Desse ponto de vista, mais importante que o poema, é o que *no* poema resiste como possibilidade de sua confecção. O conceito de tarefa opera na legibilidade do poema um efeito monadológico: o poema é mônada, e contém, em seu interior, um complexo que serve de apoio para diversas operações básicas que podem refazê-lo em outras formas. É o que defendi, em minha tese de doutorado, *As flores da poesia na terra do saber: uma teoria do poema em Walter Benjamin*: existe em Benjamin uma região não imediatamente acessível nos poemas, que pode ser nomeada com o conceito de "inconsciente poético" (Fernandes, 2019, p. 53-65).

O inconsciente poético nada tem a ver com o inconsciente do sujeito que cria as obras. Não significa, portanto, que nas obras haja certos motivos psicológicos de seu autor. Não é a vida do poeta que se inscreve nas obras. E, desse ponto de vista, são as obras mesmas que possuem um inconsciente, que não é "poético" por ser "belo" ou qualquer coisa que o valha; é "poético" porque guarda, em seu interior, mecanismos, sistemas, configurações e determinações que condicionam a manifestação poética mesma na forma de um saber, ou de um pensamento. A própria ideia de um poetificado nos poemas de Hölderlin diz respeito à descoberta desses "mecanismos reflexivos": os poemas "Coragem de poeta" e "Timidez" podem ser concebidos como manifestações poéticas de mecanismos postos em movimentação pela própria ação do poetificado.

Desse ponto de vista, um poema escrito é um sintoma de si mesmo. Um sintoma de seu próprio inconsciente poético. A crítica, a tradução, uma segunda versão: em todos esses casos, podemos conceber que esses trabalhos, essas elaborações, recolocam o inconsciente em uma nova manifestação.

Dizer um inconsciente do poema em Benjamin significa dizer, por analogia ao inconsciente pulsional, que existem cadeias de pensamento que sobrevivem inconscientemente nos poemas. Não cadeias de pensamento do sujeito, mas dos próprios poemas. Como se a aparência legível do poema fosse a sua própria consciência, condicionada por essas cadeias invisíveis a olho nu. Essa forma de colocar as coisas desprende a noção de inconsciente de sua fundação exclusiva na psicanálise. Podemos formulá-la muito além do inconsciente pulsional.

Chamemos de inconsciente, então, uma estruturação qualquer de acontecimentos sobre os quais um pensamento *a posteriori* pode descobrir a ação de forças razoavelmente "lógicas" (dotadas de uma logicidade interna que não precisa encontrar identidade com um mundo lógico "geral") que não se apresentam à consciência do(s) agente(s) envolvido(s), mas que se tornam invariavelmente reconhecidas, pelo pensamento que por ventura as descubra, como um *a priori* dos eventos.

A ideia de que um poema "pensa" poderia levar a crer que todo poema tem um elemento qualquer conceitual, seja explicitamente, seja em suas entrelinhas. Não é isso que se propõe aqui. Um poema, de caráter conceitual ou não, traz em sua forma interna cadeias de pensamento. Mesmo um poema didático, dotado de um discurso coeso e lógico, tem, em seu interior, cadeias de pensamento e logicidades de que ele próprio não pode se dar conta. Nesse sentido, a crítica é o momento em que o inconsciente das obras vem à consciência em uma nova forma textual.

O inconsciente é uma estrutura descoberta necessariamente *a posteriori* e que se insere como elemento de legibilidade de um fenômeno como um *a priori*. Ele funda a possibilidade de desdobramento dos poemas. Esse desdobramento se traduz em pelo menos três atitudes básicas na filosofia de Benjamin. As obras possuem um índice de "criticabilidade" (que autoriza, e mesmo contém, a crítica): a crítica é desdobrada do interior do poema.[8] Outro de "traduzibilidade" (que autoriza e contém a tradução): o original, como afirma Benjamin em "A tarefa do tradutor", contém as suas traduções. E outro de "refazibilidade" (que autoriza e contém outras versões de uma mesma composição). O poema é mônada: nele, vivem suas críticas possíveis, as traduções que ainda pode receber, e, por fim, todos os poemas que poderiam ter sido escritos.

Isso significa reconhecer na poesia uma seriedade histórica: ela apresenta uma solução para uma tarefa histórica, como também revela que essa tarefa existe e pode ser resolvida de outras maneiras. Melhor: a poesia exige a sua solução de diferentes maneiras. Porque, diferentemente da monadologia de Leibniz, que concebia o mundo com o mais perfeito entre os possíveis, o projeto filosófico de Benjamin, mesmo quando se debruça sobre poemas, se dedica a retomar "a fraca força messiânica" que se reservou a cada geração (Benjamin, 1987, p. 223).

Notas

1 Para Benjamin, a máxima de Flaubert – "de toda política só entendo uma coisa: a revolta" – poderia ter sido dita por Baudelaire. "O que Baudelaire assim registra poder-se-ia denominar a metafísica do provocador" (Benjamin, 1989, p. 11).

2 No original: "C'est l'Ennui! – l'oeil chargé / 'un pleur involontaire, / Il rêve d'échafauds en fumant son houka./ Tu le connais, lecteur, ce monstre délicat, / – Hypocrite lecteur, – mon semblable, – mon frère!"

3 E, segundo Benjamin, Lamartine fora o primeiro a exprimir esse mal. Para ilustrá-lo, Benjamin cita a famosa anedota sobre o comediante Deburau: "Certa feita, um grande neurologista foi procurado por um paciente que o visitava pela primeira vez. O paciente queixou-se do mal do

século – a falta de vontade de viver, as profundas oscilações de humor, o tédio. 'Nada de grave', disse o médico após minucioso exame. 'O senhor precisa apenas repousar, fazer algo para se distrair. Uma noite dessas vá assistir a Deburau e o senhor logo verá a vida com outros olhos.' 'Ah, caro senhor', respondeu o paciente, 'eu *sou* Deburau'."

5 Mais especificamente, no Prefácio Epistemo-Crítico (Benjamin, 2011, p. 35-37).

6 Cf. também Danowski, 2005, p. 101-122.

7 Cf. também Fernandes (2019).

8 Isto foi estabelecido, de certa forma, na tese de doutorado de Benjamin (2011).

Referências

BENJAMIN, Walter. *Charles Baudelaire, um lírico no auge do capitalismo*. Obras escolhidas. Vol 3. Trad. José Carlos Martins Barbosa; Hemerson Alves Batista. São Paulo: Brasiliense, 1989.

__________. *Escritos sobre mito e linguagem*. São Paulo: Duas Cidades; ed. 34, 2011.

__________. *Magia e técnica, arte e política*. Obras escolhidas. Vol 1. Trad. Sergio Paulo Rouanet. São Paulo: Brasiliense, 1987.

__________. *O anjo da história*. Trad. João Barrento. Belo Horizonte: Autêntica Editora, 2012.

__________. *O conceito de crítica de arte no romantismo alemão*. Trad. Márcio Seligmann-Silva. São Paulo: Iluminuras, 2011.

__________. *Origem do drama trágico alemão*. Trad. João Barrento. Belo Horizonte: Autêntica, 2011.

__________. *Passagens*. Trad. Irene Aron e Cleonice Paes Barreto Mourão. Belo Horizonte: Editora UFMG, 2009.

BAUDELAIRE, Charles. *Poesia e prosa*. Volume único. Rio de Janeiro: Nova Aguilar, 1995.

BUCK-MORSS, Susan. "Estética e anestética: o ensaio sobre a obra de arte de Walter Benjamin." Trad. Rafael Lopes Azize. *Travessia: revista de literatura*, nº 33. Florianópolis: EdUFSC, ago-dez./ 1996. p. 11-41.

CRARY, Jonathan. *Técnicas do observador*. Trad. Verrah Chamma. Rio de Janeiro: Contraponto, 2012.

DANOWSKI, Deborah. "Leibniz e as voltas do tempo". *dois pontos*, vol. 2, n. 1, Curitiba, São Carlos, outubro, 2005. pp. 101-122

FERNANDES, Rafael Zacca. *As flores da poesia na terra do saber*: uma teoria do poema em Walter Benjamin. Tese (Doutorado em Filosofia). Departamento de Filosofia. Pontifícia Universidade Católica do Rio de Janeiro. Rio de Janeiro, 2019.

LEIBNIZ, Gottfried Wilhelm. *A Monadologia; Discurso de Metafísica e outros textos*. Trad. Carlos Lopes de Mattos. São Paulo: Abril Cultural, 1979.

__________. *Ensaios de Teodiceia*. Trad. William de Siqueira Piauí e Juliana Cecci Silva. São Paulo: Estação Liberdade, 2013.

LUKÁCS, Georg. *Arte e Sociedade*. Trad. Carlos Nelson Coutinho e José Paulo Netto. Rio de Janeiro: Editora UFRJ, 2011.

A historicidade da *Metafísica da Juventude*: linguagem e feminino

Isabela Pinho

Não é incomum, para leitores assíduos de Walter Benjamin, deparar-se com certas figuras femininas tão ambíguas e problemáticas como fascinantes. O ensaio "Metafísica da juventude", redigido entre 1913 e 1914, é exemplar: aqui, figuras femininas como Safo, a mulher e a prostituta, funcionam como paradigma para um questionamento da cultura, da linguagem, da sexualidade. Seguindo a proposta do evento que deu origem a este artigo, de privilegiar a historicidade dos textos em detrimento da universalidade de categorias oriundas da formulação conceitual, trabalharei as principais fontes históricas para a redação do ensaio e a formulação acerca de uma linguagem feminina. Essa linguagem será caracterizada por Benjamin como um puro meio, e não como meio para um fim, parecendo antecipar a ambivalência *Médium*, pura comunicabilidade da linguagem, e *Mittel*, linguagem como instrumento para a troca intersubjetiva, do célebre ensaio "Sobre a linguagem em geral e sobre a linguagem humana", de 1916. A linguagem feminina, caracterizada como tagarelice, será pensada como quebra na linguagem comunicativa e como emblema para repensar a cultura.

Há duas principais fontes históricas para a redação da "Metafísica da Juventude", ensaio dividido em três seções: "a conversa", "o diário" e "o baile". A primeira fonte seria Gustav

Wyneken, de quem Benjamin foi aluno entre 1905 e 1906 no internato rural em Haubinda, na Turíngia. No verão de 1912, quando ingressa na universidade de Fribourg, Benjamin fica responsável pela organização de grupos estudantis que deveriam propagar as ideias de uma cultura juvenil, segundo os escritos de Wyneken. A crise de um sistema pedagógico autoritário pode ser compreendida como o elemento comum entre os diversos grupos que compõem o movimento. A vertente wynekiana do movimento, à qual Benjamin pertencia, propunha uma transformação social mediante uma revolução cultural, isto é, uma revisão radical dos valores.

Inspirados pelo pedagogo neo-hegeliano, os jovens se opunham radicalmente à sociedade Guilhermina, e defendiam o trabalho puro do espírito, este compreendido como obra imaterial da humanidade. Esse trabalho só poderia ser realizado pela juventude ainda não corrompida. A crítica à sociedade burguesa indicava a possibilidade de outra forma de relação que não passasse pelas identificações afetivas da sociedade (*Gesellschaft*), mas por uma comunidade (*Gemeinschaft*) de solitários, ou seja, de "amigos estranhos" (cf. Pulliero, 2013, p. 867-876).

Os seres exemplares dessa comunidade (*Gemeinschaft*) são os excluídos da sociedade (*Gesellschaft*): os marginalizados, as existências vividas nos cafés, a mulher, a prostituta e o gênio (o jovem intelectualmente expressivo e culturalmente produtivo, o portador do espírito). Essas formas de vida, em evidência na grande metrópole, surgem no ensaio de Benjamin a partir de uma discussão da época que envolvia a questão da sexualidade, da prostituição, a constituição do ensino misto e a inserção da mulher na vida acadêmica.

Nesse cenário, os jovens do círculo wynekiano se reuniam para travar discussões sobre sexualidade, linguagem, erotismo e cultura. Para esses jovens, a mulher e a prostituta passam a funcionar como emblema para o questionamento da sociedade burguesa, da família e da escola. Em uma carta ao amigo de juventude Hebert Berlmore, Benjamin afirma que "a prostituta representa o instinto acabado da cultura [...]: ela desloca a natureza de seu último santuário, a sexualidade" (Benjamin, 1979, p. 63). É enquanto ser cultural, distanciado da vida natural, que Benjamin pensará a prostituta e a mulher lésbica, representada na figura histórica de Safo.

Como diz Peter Gay, em *A república de Weimar*, essas personagens funcionavam como figuras exemplares para a constituição de uma nova humanidade e "refletiam o desejo por uma renovação, o descontentamento com a realidade, e a incerteza acerca dos valores que marcavam a Alemanha em geral" (Gay, 1978, p. 121). Do mesmo modo, a revolta do filho contra o pai era um tema "exigido de todo jovem escritor", motivo pelo qual houve uma produção prolífica sobre essa problemática: "para muitos, o conflito era mais profundo do que o mero antagonismo pessoal; veio a simbolizar a situação política, ou até o destino do mundo" (Gay, 1978, p. 135). O próprio Benjamin escreve uma novela intitulada "*Der Todd des Vaters*" ("A morte do pai"), em 1913, recém-publicada no Brasil (Benjamin, 2018). O "pai" representava a velha ordem mundial que vinha sendo questionada desde o início do século XX: o império, a moral burguesa. O movimento de juventude, em sua abrangência, deve ser compreendido a partir desse conturbado contexto histórico.

A segunda fonte histórica para a redação do ensaio seria o curso de verão ministrado pelo neokantiano Heinrich

Rickert também na universidade de Fribourg em que este pensava em "masculino" e "feminino" como esferas axiológicas de seu "Sistema de Valores" (1913). Benjamin encontra aí uma possibilidade de pensar o feminino, já que Rickert o havia associado à esfera da particularidade acabada no presente, correspondente aos bens do presente (*Gegenwartsgüter*). O feminino representa a quebra no fluxo do tempo como contínuo em que se vive a plenitude do presente. Se no início de seu manuscrito, Rickert parte da diferença sexual tal como ela se dá na cultura, será sem muita explicação que ele passará a falar em masculino e feminino como princípios axiológicos. A partir da associação entre o feminino e a paz e a harmonia da vida doméstica, provinda do senso comum de sua época, Rickert se propõe a pensar o feminino como valor cultural (Rickert, 2013, p. 376).

No ensaio de Benjamin, a crítica à história como herança, como acúmulo de meros fatos históricos isolados, diante dos quais nos encontramos como meros receptores, coincide com a crítica a uma língua comunicativa, instrumentalizada, ambas representadas pela tradição paterna, que Benjamin chama de "*sein der Väter*", o "ser dos pais" (Benjamin, 1977, p. 91). Por isso, feminino e juventude parecem fornecer a diferença necessária para a crítica da cultura desses anos juvenis do autor, como podemos constatar em uma carta ao amigo do movimento de juventude, Herbert Belmore, datada de 23 de junho de 1913, em que Benjamin questiona:

> quem sabe até onde se estende a natureza profunda da mulher? O que sabemos nós da mulher? Tão pouco quanto da juventude. Nós somos ainda sem experiência de uma cultura da mulher, assim como nós ignoramos uma cultura da juventude. (Benjamin, 1979, p. 61)

Na mesma carta a Belmore, Benjamin esclarece:

> eu, a bem dizer, evito aqui toda linguagem concreta e falo de bom grado em masculino e feminino: não estão extremamente misturados no ser humano?! E dessa forma você compreende que em uma reflexão sobre a cultura eu estimo um pouco primária a tipologia "homem", "mulher". (Benjamin, 1979, p. 61)

Tendo essa ressalva em mente, volto à questão da linguagem feminina suscitada no ensaio. Não por acaso, o título da primeira seção do ensaio é "*Gespräch*", "conversa", e não "*Dialog*". Em um diálogo, a língua é concebida como um instrumento para comunicar algo através de si mesma, como indica a etimologia da palavra "*dia*" (através de) *logos* (língua). O vocábulo "conversar", por sua vez, do latim "*conversare*", é formado pelo prefixo "*con*" (junto com, na companhia de) e pelo verbo "versar", que significa "voltar", "virar", "girar em torno de um objeto". O vocábulo alemão "*Gespräch*" formado pelo prefixo "*ge*" (correspondente ao "*con*" latino) e pelo radical "*sprach*" (de *Sprache*, linguagem, língua) tem o mesmo sentido: falar em conjunto, compartilhar uma companhia na linguagem.

A conversa travada em um momento do ensaio entre duas importantes personagens – o gênio, que representaria a juventude intelectual, e a prostituta, que representaria o feminino – é exemplarmente diferente de um diálogo socrático em que, através da língua, Sócrates dá à luz o conhecimento em seu interlocutor. É ao não trazer à luz, ao não procriar, que a prostituta representa o elemento feminino, pois o que está em questão na relação sexual entre a prostituta e os demais é o prazer sexual e não a procriação. Por isso, seu ato sexual pode ser concebido como puro meio, e não meio para fins. Em uma analogia entre prazer sexual e linguagem, a linguagem feminina é concebida como "medialidade sem fins".

É a partir da inesperada dramatização de uma conversa travada entre essas personagens que temos acesso a uma concepção de linguagem diferente do que Benjamin havia caracterizado, no ensaio de 1916, como uma linguagem burguesa e comunicativa (Benjamin, 2011, p. 55). A conversa não faz um uso da linguagem como *Mittel*, ou seja, a linguagem não funciona aqui como mero instrumento para a comunicação. Nesse ponto, é interessante notar que o próprio conteúdo da conversa entre o gênio (*Das Genie*) e a prostituta coincide com o caráter não dialógico, no sentido etimológico dessa palavra, da conversa: o gênio vai à prostituta não para dar à luz, não para engendrá-la. Tanto a relação sexual que a prostituta estabelece com os homens quanto a procedência do gênio, que só possui mãe e não tem pai, parecem servir como emblema para a linguagem da qual são porta-vozes: a linguagem concebida como meio sem fins, como puro meio. O gênio diz à prostituta: "Todas as mulheres me trouxeram à luz; nenhum homem me engendrou" (Benjamin, 1977, p. 94). Sobre os homens que a visitam, a prostituta diz: "ninguém os engendrou, e eles vêm a mim também para não engendrar" (Benjamin, 1977, p. 94).

Essa nova língua, não comunicativa de conteúdo, encontra sua guardiã na mulher e na prostituta. É na procura por essa "nova" língua que Benjamin se pergunta:

> como Safo e suas amigas conversavam? Como as mulheres chegaram a falar? [...] A linguagem é velada como o passado e futura como o silêncio. Nela, o falante traz consigo o

> passado; velado pela linguagem, ele recebe seu passado feminino na conversa [*Weiblich-Gewesenes im Gespräch*]. – Mas as mulheres silenciam. Onde estão à escuta, as palavras são impronunciadas. Elas aninham seus corpos e se acariciam. Sua conversa liberou-se do objeto e da linguagem. O amor de seus corpos não procria. (Benjamin, 1977, p. 95)

O amor que não procria corresponde a uma linguagem que não é comunicativa. A relação sexual entre as mulheres e o erotismo feminino funcionam como insígnia para outra possibilidade de linguagem. A esse prazer inacabado, que indica algo da ordem do mistério do gozo feminino, corresponde uma língua inacabada: "a linguagem das mulheres permaneceu inacabada" (Benjamin, 1977, p. 95). Esse prazer é sem finalidade tanto porque não procria quanto porque indica as inumeráveis possibilidades de jogos eróticos entre mulheres. Nesse ponto, o texto de Benjamin é flagrante: "as palavras tocam as mulheres em todas as suas partes [*die Worte fingern an ihnen herum*] e uma certa habilidade possibilita rapidamente suas respostas" (Benjamin, 1977, p. 95). O trecho em alemão é bastante explícito no que se refere à relação sexual entre mulheres, que, em volúpia infinita, precisam "recuperar o fôlego enquanto as palavras desaparecem no espaço" (Benjamin, 1977, p. 95).

"A linguagem não sustenta a alma das mulheres, porque nela elas não confiam" (Benjamin, 1977, p. 95). Por isso, "elas se tornam tagarelas [*sie werden geschwätig*]" (Benjamin, 1977, p. 95), falam sem compromisso em comunicar. Novamente, a metafórica sexual é presente: ao prazer de falar, de tagarelar sem compromisso, de não comunicar, corresponde o prazer como um meio em si mesmo e não procriador. Em língua portuguesa é possível jogar com a ambivalência do termo "língua" que significa tanto o órgão do corpo quanto a linguagem. É esse prazer da língua que o tagarelar feminino indica.

Esse outro modo de estar na linguagem pode ser assinalado pela seguinte caracterização da fala dessas mulheres: "as mulheres falantes são tomadas por uma linguagem louca [*Sprechende Frauen sind von einer wahnwitzigen Sprache besessen*]" (Benjamin, 1977, p. 95). Em alemão, Benjamin utiliza a palavra "*wahnwitzigen*" para o adjetivo "louca". Nesse vocábulo, encontramos o substantivo "*Wahn*", que significa delírio, frenesi, ilusão, e o adjetivo, "*witzigen*", "espirituosas", no plural, mas cuja origem é o "*Witz*", o chiste, conceito caro aos primeiros românticos alemães, objeto da tese de doutorado de Benjamin, e fundamental para a psicanálise de Freud a Lacan.

À procura por um outro uso da linguagem, remeto ao fragmento "Monólogo", de Novalis, em que este nos fornece uma boa caracterização do *Witz*: "quando alguém fala apenas por falar, pronuncia as verdades mais esplêndidas, mais originais" (Novalis, 1988, p. 195, 196). Ele ainda acrescenta, em oposição a uma concepção de linguagem como instrumento para a troca intersubjetiva, que "o desprezível tagarelar é o lado infinitamente sério da linguagem" (Novalis, 1988, p. 195-196). A "*wahnwitzigen Sprache*", pela qual as mulheres falantes são tomadas, apresenta uma quebra na linguagem comunicativa.

Em *Os chistes e a sua relação com o inconsciente* (1905), Freud nos dá diversos exemplos de chistes. Destaco um, atribuído ao romântico Schleiemacher, cujo único caráter distintivo consiste em dar às mesmas palavras – *Eifersucht* (ciúme) e *Leidenschaft* (paixão) – sentidos múltiplos: "*EIFERSUCHT ist eine LEIDENSCHAFT, die mit EIFER SUCHT, was LEIDEN SCHAFT*"

(Freud, 1996, p. 42). Pode-se traduzir por: "o ciúme [die EIFER] é uma paixão [LEIDENSCHAFT] que com avidez [EIFER] busca [SUCHT] o que causa [SCHAFT, do verbo SACHFFEN] a dor [das LEIDEN]." Numa tradução "transcriadora", como a chama Haroldo de Campos, em que o chiste é preservado em sua "matéria de linguagem" e em sua semantização fônica, temos: "o CIÚME CAUSA uma DOR, que aSSUME com gUME o seu CAUSADOR" (Campos, 2005, p. 12). É desse *Sprachmaterial*, dessa matéria de linguagem, que os chistes são feitos. Nas palavras de Freud: "as palavras são um material plástico, que se presta a todo tipo de coisas" (Freud, 1996, p. 42).

Para Freud, a experiência infantil da língua materna indica uma experiência de prazer com o ritmo e a rima das palavras, para além do imperativo da significação:

> o período em que uma criança adquire o vocabulário da língua materna proporciona-lhe um óbvio prazer de experimentá-lo brincando com ele [...]. Reúne as palavras, sem respeitar a condição de que elas façam sentido, a fim de obter delas um gratificante efeito de ritmo ou de rima. (Freud, 1996, p. 128, 129)

Em Lacan, esse prazer da língua será pensado como da esfera de *lalangue*, experiência feminina da linguagem. Com Lacan, a relação entre linguagem e feminino ganha outra dimensão que deixo aqui como apontamento, mas que trabalhei no livro *Feminino e linguagem: itinerários entre o silêncio e o tagarelar* (2023).

Em um conjunto de palestras intitulado "O saber do psicanalista" (1971-1972), Lacan comete um lapso, que introduz *lalingua* em seu ensino: queria dizer Laplanche, para se referir ao psicanalista Jean Laplanche, autor do "Vocabulário de psicanálise", mas diz Lalande, nome de um dicionário de francês, chegando assim à "*lalangue*". "*Lalangue*" surge, então, como um lapso homofônico que pode ser repetido em língua portuguesa: *la langue* (a língua) e *lalangue* (*alíngua*). O que se poderia perder na tradução de *lalangue* por "*alíngua*", apesar da manutenção da homofonia, é a lalação, o lalala, o elemento onomatopaico da palavra, que Lacan faz coincidir com o balbuciar da criança diante da qual a mãe se encontra (Lacan, 1978). Segundo Milner, em *O amor da língua* (1987), *a língua* pertence à esfera da realidade da língua, ou seja, ao seu caráter instrumental, e *lalíngua* aponta para o real da língua, registro inconsciente da linguagem, em que os equívocos, chistes e homófonos se dão. *Lalíngua* se manifesta na língua através do que, nela, faz furo: os chistes, atos falhos e equívocos.

Lalíngua como glossolalia e loquacidade (tagarelice) indica uma experiência da própria comunicabilidade da linguagem, para além de seu caráter comunicativo. Se, em Benjamin, por um lado, essa experiência pode ser pensada em relação com o erotismo feminino, em Lacan, por outro lado, *lalíngua* é da ordem do gozo feminino, questão trabalhada no *Seminário XX*, *Encore* (1972-1973), título que contém em si uma homofonia: *en corps* (no corpo) *encore* (mais, ainda). Sem adentrar nessa questão, e para retomar o mote do evento que originou este artigo, deixo a pergunta para vocês: estaríamos falando da palavra poética?

Referências

BENJAMIN, Walter. "A morte do pai". *A arte de contar histórias*. Trad. Marcelo Backes, Org. Patrícia Lavelle. São Paulo: Hedra, 2018.

__________. *Correspondances I (1910-1928)*. Trad. Guy Petitdemange. Paris: Éditions Aubier-Montaigne, 1979 [*Gesammelte Briefe*, I, Org. Gerschom Scholem, Theodor Adorno. Frankfurt : Suhrkamp, 1978].

__________. *Metaphysik der Jugend*. Gesammelte Schriften, II, I. Org. Rolf Tiedemann, Hermann Schweppenhäuser. Frankfurt: Suhrkamp, 1977 ["Metafísica da Juventude". In: PINHO, Isabela. *Feminino e linguagem: itinerários entre o silêncio e o tagarelar.* Belo Horizonte, Rio de Janeiro: Ed. Relicário, Ed. PUC-Rio, 2023].

__________. "Sobre a linguagem em geral e sobre a linguagem do homem". Trad. Susana Kampff Lages. São Paulo: Editora 34, 2011, p. 49-73.

LACAN, Jacques. *Alla Scuola Freudiana* [1974]. *Lacan in Italia, 1953-1978*. Milão: La Salamandra, 1978.

__________. *Encore* (*Seminário XX*), Trad. Analucia Teixeira Ribeiro. Rio de Janeiro: Escola Letra Freudiana, 2010.

__________. *O saber do psicanalista*. Trad. Ana Izabel Correia, Letícia Fonseca, Nanette Frej. Recife: Centro de Estudos Freudianos de Recife (tradução de circulação interna), 2000.

CAMPOS, Haroldo. "O afreudisíaco Lacan na galáxia de *lalíngua* (Freud, Lacan a escritura)". *Afreudite: Revista Lusófona de Psicanálise Pura e Aplicada*, n.1, 2005.

FREUD, Sigmund. "Os chistes e a sua relação com o inconsciente" (1905), *Obras Completas: edição standard brasileira (Vol.VIII)*, Trad. Jayme Salomão, Rio de Janeiro: Imago, 1996.

GAY, Peter. *A república de Weimar*. Trad. Laura Lúcia da Costa Braga. Rio de Janeiro: Paz e Terra, 1978.

MILNER, Jean-Claude. *O amor da língua*. Trad. Paulo Sérgio de Souza Jr. Campinas, SP: Editora Unicamp, 2012.

NOVALIS. "Monólogo". *Pólen, fragmentos*. Trad. Rubens Rodrigues Torres Filho. São Paulo: Iluminuras, 1988.

PINHO, Isabela. *Feminino e linguagem: itinerários entre o silêncio e o tagarelar.* Belo Horizonte/Rio de Janeiro: Ed. Relicário/Ed. PUC-Rio, 2023.

PULLIERO, Marino. *Le désir d'authenticité, Walter Benjamin et l'héritage de la Bildung allemande*. Paris: Hermann Éditeurs, 2013.

RICKERT, Heinrich. *Extraits du séminaire sur la vie* accomplie. *Walter Benjamin, Cahier de l'herne*. Org. Patrícia Lavelle. Paris: Éditions de L'herne, 2013.

Post-scriptum: Filosofia e poesia

Luiz Costa Lima

Adianto que os dois parágrafos que seguem têm uma orientação e desenvolvimento semelhantes; orientação semelhante: originam-se de afirmações de pensadores conhecidos; desenvolvimento semelhante: delas derivam desdobramentos ainda inéditos. Além do mais: a afirmação 2 será um desenvolvimento parcial da afirmação 1.

1º: Em 1773, no *Ensaio sobre a origem da linguagem*, Johann Gottfried Herder escrevia: "Se o homem tivesse os instintos dos animais (...) não disporia do direito livre de sua consciência". Disso decorria que ao privilégio da consciência correspondia uma falta também decisiva: ser ele uma "criatura carente". A demonstração cabal da carência humana é oferecida pelo caráter de suas formas discursivas básicas, a filosofia e a poesia. *Ambas são constituídas por enunciados incompletos.* A saber: se a filosofia se especifica pela formulação de perguntas capitais – que é o homem, a vida, o mundo? –, a poesia, de sua parte, dá-se conta das respostas. A filosofia é mestra nas perguntas, para as quais fornecerá formulações tão variadas quantos sejam seus sistemas, ao passo que as respostas do poeta sequer pretendem oferecer a possibilidade de reconstituir as perguntas de que teriam se originado. Como não nos é fácil reconhecer carências, costumamos entender as formulações carentes como intrinsecamente interconectadas, sendo a poesia com frequência entendida como preparatória da filosofia.

2º. O segundo parágrafo se origina do mais curto "Sentido e não sentido da história" (1997), de Rainer Koselleck. Tampouco responsável por seu desenvolvimento. "A totalidade histórica, dizia ele, permanece irracional. Racional é no máximo sua análise. (...) Análise e narrativa se completam uma à outra para (...) nos ensinar a passar por cima da ausência de sentido". De modo sintético, a frase contém um paradoxo: desprovida internamente de sentido, nenhuma história, enquanto humana, deixa de ter sentido. Do paradoxo decorre que toda história, "engendrada no curso do tempo, é sempre diversa daquela que retrospectivamente se explica (...)". *Decisivo para a inferência que daí extraímos não é nem a ausência de sentido do acontecimento, nem o sentido que lhe será atribuído, mas sim o intervalo de tempo que ocorrerá entre um e outro*. Ou seja, a rica formulação de Koselleck – tão rica que até hoje desconheço que uma tradução sua tenha sido feita – tem por limite não se indagar se os extremos que exprime se superpõem automaticamente ou, ao contrário, contém uma brecha ou fissura. É essa fissura temporal que me importa. É bastante provável que ela, na maioria dos casos, sequer exista: mal constato a ausência de sentido de algo que sucede e logo emendo a primeira impressão por lhe emprestar um firme sentido. Mas será mesmo porque o automatismo só é abandonado em ocasiões muito menos frequentes que a criação da poesia, pela experiência da *mímesis*, é relativamente rara. Quero dizer: é entre os extremos da ausência de sentido e atribuição de sentido que a *mímesis*, enquanto ocasião originadora da poesia, encontra seu lugar. Encontrar seu lugar ainda não significa dizer que ela se realize. Dotada de lugar, enquanto tal, a *mímesis* ainda se encontra no seu estado zero. Ela só se cumprirá plenamente quando se investir de uma forma ficcional, que compreende o que chamamos de literatura, muito embora a literatura ainda vá além do ficcional.

Sobre os autores, na ordem da edição dos textos

Paulo Henriques Britto é tradutor e professor de tradução, literatura e criação literária da Pontifícia Universidade Católica do Rio de Janeiro (PUC-Rio), atuando na graduação e na pós-graduação. Publicou oito livros de poesia e dois de contos, bem como estudos monográficos sobre canção popular, poesia brasileira e tradução literária, além de cerca de quarenta artigos acadêmicos. Coletâneas de sua poesia foram publicadas em tradução nos Estados Unidos e na Suécia, e recentemente sua obra poética reunida foi editada em Portugal. Traduziu mais de 120 livros, inclusive coletâneas de poesia de Wallace Stevens, Allen Ginsberg, Byron e Elizabeth Bishop. Ganhou diversos prêmios literários, como o Portugal Telecom, o Jabuti, o Prêmio Bravo! Bradesco Prime, o da Associação Paulista de Críticos de Arte e o da Fundação Biblioteca Nacional.

Patrícia Lavelle é professora de Letras da PUC-Rio e atualmente Coordenadora do PPGLCC. Foi Professora Visitante na ENS de Paris em 2019 e, em diversas ocasiões, na EHESS-Paris, onde fez seu doutorado em Filosofia. Realizou pesquisas no Walter Benjamin-Archiv de Berlim e no Fonds Ricoeur. Publicou livros de ensaios no Brasil e na França, entre os quais destacam-se: *Religion et histoire: sur le concept d'experience chez Walter Benjamin* (Éditions du Cerf, 2008), *Walter Benjamin* (org., "Cahier de l'Herne", L'Herne, 2013) e *Walter Benjamin metacrítico: uma poética do pensamento* (Relicário, 2022). Estreou em poesia com *Bye bye Babel* (menção honrosa no Prêmio Cidade de Belo

Horizonte de 2016, 7Letras, 2ª ed., 2022) e a plaquete *Migalhas metacríticas* (7Letras, 2017). Participou recentemente de antologias de poesia editadas na França, em Portugal e no Brasil: *Brésil – Poésie intraitable* (trad. Inês Oseki-Dépré, Les presses du réel, 2022), *Um Brasil ainda em chamas* (Contracapa, 2022), *Poetas contemporâneas do Brasil* (p-o-e-s-i-e.org, 2021). Teve poemas traduzidos em espanhol e tem contribuído com poemas próprios e traduções de poesia brasileira contemporânea para as revistas francesas *Po&sie* e *Place de La Sorbonne*. Seu segundo livro de poesia, *Sombras longas*, foi publicado pela Relicário em 2023.

Daniel Pucciarelli nasceu em Belo Horizonte, em 1986. É doutor em filosofia pela Universidade de Munique e professor da Universidade do Estado de Minas Gerais. É autor de vários livros, artigos e capítulos de livros sobre teoria crítica da sociedade, estética, filosofia da arte e pensamento contemporâneo, dentre os quais destacam-se *Materialismus und Kritik* (Königshausen & Neumann, 2019) e *A atualidade da Teoria estética de Theodor W. Adorno* (Impressões de Minas, 2019, organização em parceria com Rodrigo Duarte). Como poeta, publicou *Lição da matéria* (Prêmio Paraná de Literatura 2018), *Pavilhão* (Macondo, 2020) e *O pai do artista* (Círculo de poemas – Luna Parque & Fósforo, 2022). É um dos editores da *Ouriço: Revista de poesia e crítica cultural* (Macondo).

Luiza Larangeira da Silva Mello é professora adjunta do Instituto de História e do Programa de Pós-Graduação em História Social da UFRJ. Desde 2019, é editora-chefe da *Topoi. Revista de História*. Atua nas áreas de Teoria e Metodologia da História, História Intelectual e História da Literatura. Em 2020, publicou o livro *Depois da Queda: a cultura norte-americana na obra de Henry James*, desenvolvido a partir de sua tese de doutorado, defendida na PUC-Rio. Nos últimos anos, vem dedicando-se ao estudo da história e das modernas teorias do romance, da relação entre história e ficção e das figurações literárias da subjetividade, tendo publicado os ensaios: "Os descaminhos da alma: Georg Simmel, Henry James e a 'tragédia da cultura'" (2019); "The sense of the past: the historical sensibility in Lionel Trilling's literary criticism" (2019); "O romance desmarginado: a função do fim e a figuração do tempo na série napolitana, de Elena Ferrante" (2019); "Descida ao inferno: identidade, mobilidade e formação em *A vida mentirosa dos adultos*, de Elena Ferrante (2021)".

Guillaume Métayer é Directeur de Recherche do CNRS, atuando num centro de pesquisa da Sorbonne Université. Poeta, ensaísta, tradutor do húngaro e do alemão, suas pesquisas concernem às relações entre filosofia e poesia, o século das Luzes e sua recepção. Entre os ensaios que publicou, destacam-se: *Nietzsche et Voltaire. De la liberté de l'esprit et de la civilisation* (Flammarion, 2011) e *Anatole France et le nationalisme français. Scepticisme et traduction* (Le Félin, 2011). Realizou a primeira edição completa da poesia de Nietzsche, com publicação bilíngue em alemão e em tradução francesa (Paris, Les Belles Lettres, 2019), e traduziu do húngaro escritores e filósofos como Sándor Petőfi, Attila József, Krisztina Tóth, István Kemény, Ágnes Nemes Nagy, Ágnes Heller. É membro dos comitês de redação das revistas *Po&sie* e *Place de La Sorbonne* e diretor da *Revue Voltaire* (Sorbonne université presses). Seu último livro de poesia,

Libre jeu (Caractères, 2017), foi prefaciado por Michel Deguy, e seus poemas foram traduzidos em diversas línguas. Ele reuniu seus ensaios sobre tradução de poesia em *A comme Babel. Traduction, poétique*, prefaciado por Marc de Launay (La Rumeur libre, 2020).

Pedro Duarte é Professor-Doutor de Filosofia da PUC-Rio. Bolsista de Produtividade em Pesquisa do CNPq e Pesquisador do Programa Jovem Cientista do Nosso Estado da Faperj. Ocupou, no pós-doutorado, a Cátedra Fulbright de Estudos Brasileiros na Universidade Emory (EUA, 2020). Foi Professor Visitante na Universidade Södertörns (Suécia, 2012) e Pesquisador Visitante na Universidade Brown (EUA, 2004/2006). É autor dos livros *O ensaio como narrativa* (Oca, 2021 – Portugal); *A pandemia e o exílio do mundo* (Bazar do Tempo, 2020); *Tropicália* (Cobogó, 2018); *A palavra modernista: vanguarda e manifesto* (Casa da Palavra, 2014); e *Estio do tempo: Romantismo e estética moderna* (Zahar, 2011). Tradutor dos livros *Pensar sem corrimão* e *Liberdade para ser livre*, de Hannah Arendt (Bazar do Tempo, 2021 e 2018). Co-autor, roteirista e curador da série de TV "Alegorias do Brasil", junto com o diretor Murilo Salles (Canal Curta!, 2018). Curador, junto com a escritora Tatiana Salem Levy, da Seção "Arte, Autonomia e Política" da Revista Pessoa (https://www.revistapessoa.com). Editor da revista *O que nos faz pensar*, do Departamento de Filosofia da PUC-Rio.

Henrique Estrada Rodrigues é graduado em História pela UFMG, com doutorado em Filosofia pela USP. Atualmente, é professor de Teoria da História no Departamento de História da PUC-Rio. Foi coorganizador do primeiro volume do *Poesia e Filosofia: homenagem a Orides Fontela* (Relicário

Edições), onde publicou o capítulo "A casa da utopia: o livro, a língua, o poema". Esse capítulo, assim como o texto sobre Oswald de Andrade em 1953 (presente no livro que ora se publica), faz parte da pesquisa "A utopia no tempo, o tempo na utopia", que também gerou, entre outros, os ensaios "A utopia do mínimo que resta" e "Ítaca ao revés", ambos sobre a poesia de Haroldo de Campos (disponíveis online).

Olgária Chain Féres Matos é Professora Titular do Departamento de Filosofia da FFLCH-USP e Professora Titular do Departamento de Filosofia da EFLCH da Unifesp. É Coordenadora da Cátedra Edward Saïd de Estudos da Contemporaneidade da Unifesp. É autora dos livros *Os Arcanos do inteiramente Outro: a Escola de Frankfurt, a Melancolia, a Revolução*; *O Iluminismo Visionário: Walter Benjamin, leitor de Descartes e Kant*; *Benjaminianas: reflexões sobre o fetichismo moderno*; *Palíndromos filosóficos: entre mito e história*; *Momentos filosóficos: variações benjaminianas*, entre outros.

Rafael Zacca é poeta e crítico. Doutor em Filosofia pela PUC-Rio, com a tese "As flores da poesia na terra do saber: uma teoria do poema em Walter Benjamin", defendida em 2019 e agraciada com o prêmio CTCH de Teses da PUC-Rio. Professor de Estética e Filosofia da Arte no departamento de Filosofia da PUC-Rio. Professor no curso de Filosofia Contemporânea da pós-graduação lato sensu na mesma instituição. Pós-doutorando no departamento de filosofia da Unifesp desde 2021, onde realiza pesquisa sobre Walter Benjamin e Anne Carson. Publicou o livro de crítica *Formas nômades* (Margem da Palavra, 2021) e os livros de poesia *O menor amor do mundo* (7Letras, 2020) e *A estreita artéria das coisas* (Garupa, 2018). Fundou e dirige a escola da palavra.

Isabela Pinho é doutora em Filosofia pela Universidade Federal do Rio de Janeiro (UFRJ / CNPq), mestre e graduada em Filosofia pela Universidade Federal Fluminense (UFF / CAPES). Foi pesquisadora nos arquivos de Walter Benjamin em Berlim e do departamento de literatura comparada da Universidade de Munique (CAPES / PDSE). Realizou pesquisa de pós-doutorado em Filosofia no PPGF da UFRJ, com supervisão da professora Carla Rodrigues (2022). É membro da Associação Americana de Literatura Comparada (ACLA), integrante do laboratório Filosofias do tempo do agora da UFRJ e do GT Desconstrução, linguagem e alteridade da ANPOF. É coorganizadora do livro *AGAMBiarra: escritos sobre a filosofia de Giorgio Agamben* (Ape'ku, 2020). Atualmente é professora substituta de Filosofia na UFF e professora de cursos de extensão na PUC-Rio.

Luiz Costa Lima nasceu em São Luís do Maranhão, em 1937. É professor emérito do Departamento de História da PUC-Rio, doutor em Teoria literária pela USP. É autor de dezenas de livros de crítica e teoria literária, muitos deles traduzidos em inglês e alemão, e acaba de publicar *A ousadia do poema. Ensaios sobre a poesia moderna e contemporânea brasileira* (Unesp, 2022). Em 2004, recebeu da Alexander von Humboldt-Stiftung (Alemanha) o prêmio de pesquisador estrangeiro do ano, na área de humanidades. Em 2011, a Universidade de Queensland (Austrália) realizou o colóquio "Mimesis and culture", dedicado à sua obra. Seu *O controle do imaginário e a afirmação do romance* (2009) recebeu os prêmios de Ensaio da Biblioteca Nacional e da Academia Brasileira de Letras.

1ª edição [2023]
Esta obra foi composta em Minion Pro
Miolo impresso em papel Pólen Natural 80g
e capa em Cartão Supremo 250g.